Comprendre le langage énergétique de votre corps

Création maquette et mise en pages : Bénédicte Souffrant – PCA-CMB.

ISBN : 978-2-7029-2171-5

www.editions-tredaniel.com
info@guytredaniel.fr
www.facebook.com/editions.tredaniel
@le_courrier_du_livre

Lysiane Lévy

Comprendre le langage énergétique de votre corps

56 routines pour retrouver un équilibre physique et psychique

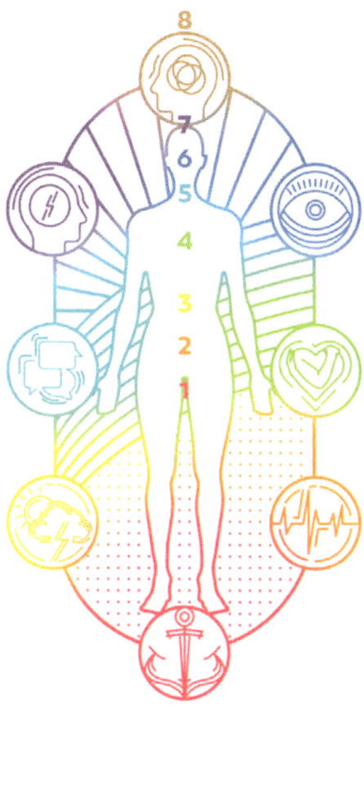

LE COURRIER DU LIVRE

27, rue des Grands-Augustins
75006 Paris

À la mémoire de Monique Servat et Raymond Lévy.

SOMMAIRE

ENTRE NOUS, DE VOUS À MOI

Est-ce que la souffrance et la perte m'ont fait devenir une nouvelle version de moi-même ? Oui, sans aucun doute ! Mais s'agit-il d'une meilleure version de moi-même ? Je me permets de le penser…

Quand nous sommes confrontés aux expériences difficiles de notre existence, nous avons tendance à compliquer encore davantage notre quotidien, à la recherche de solutions pour guérir de nos propres maux. Mais quand nos maux sont installés, n'est-il pas déjà trop tard ? De cette souffrance, nous garderons la trace physique et psychique dans notre entièreté, sur le long terme.

Pour autant, chez certaines personnes, le temps, la réflexion et la compréhension du sens de leur existence pourront transformer ces expériences douloureuses en « nouvel élan ». Cela déclenchera un changement profond et une véritable réalisation de soi.

Pour d'autres, rien ne changera. Chaque situation difficile sera la continuité d'une vie bien souvent incomprise, parfois injuste, qui perdurera et se renouvellera sans cesse jusqu'au grand départ. Cette réflexion est un peu pessimiste, et pourtant tellement proche de la réalité.

Quelle réalité ? La mienne ? La vôtre ? Celle des autres ? La réalité n'existe pas, dans le sens où on n'accède jamais directement au réel. On n'accède qu'aux représentations fictives que nous produisons selon des cadres de références imposés par nos expériences. Depuis quelques années, j'ai tenté de répondre aux centaines de questions qui trottaient dans ma tête, des questions existentielles, bien souvent incomprises par mon entourage. J'ai fini par comprendre qu'il n'y avait pas de bonnes réponses à toutes mes interrogations, car nous sommes tous des êtres uniques avec nos propres schémas de pensée. Mais un point commun entre tous les humains est venu s'imposer à moi en toute simplicité. Questions simples, réponses simples..., je vais vous confier ma réalité !

L'humain se complique la vie alors que sa machine si performante a seulement besoin de simplicité et de logique pour fonctionner. Quand il n'y a plus d'essence dans le réservoir de votre voiture, vous allez à la pompe et vous faites le plein. Pour les humains et leurs corps physique et psychique, la métaphore de l'essence fonctionne très bien, à une différence près (et non négligeable !) : en effet, c'est complètement gratuit de recharger son corps en énergie ! Nous sommes tellement plus que ce que nous pensons être, et infiniment plus que ce que nous avons été amenés à croire.

Après cinq années d'introspection, de formations professionnelles et de recherches sur le langage corporel et toutes les formes de communication verbale et non verbale que nous utilisons pour investir notre monde, j'ai fini par mettre en place des routines simples, ludiques et quotidiennes pour respirer le bien-être. Aujourd'hui, après une lutte acharnée contre mes représentations négatives et néfastes de la réalité, j'incarne enfin le bonheur de cette liberté de pensée tant désirée.

Après le dépouillement, le lâcher-prise, l'inconnu, les émotions, la dualité, j'ai conscientisé les choses, intégré dans mes cellules le changement de cap et je me suis positionnée en faveur du bien-être. Il nous faut apprendre à ne plus percevoir avec nos yeux, mais à appréhender avec notre esprit. Là où s'arrête notre connaissance, c'est le désir de notre esprit qui a libre cours.

Être spirituel, c'est vivre en harmonie avec son esprit et son corps. Comprendre que l'esprit et la matière dansent ensemble et forment un grand tout dont nous faisons partie. Être connecté à notre intuition devient urgent, car il s'agit d'une voix qui ne trompe pas, à condition que nous puissions la transcrire dans notre langage maternel. Par conséquent, nous devrons travailler notre identité intérieure tous les jours de notre vie pour nous rapprocher de LA MEILLEURE VERSION DE NOUS-MÊME. Nous sommes le changement que nous désirons être dans cette vie, nous sommes ici pour expérimenter et créer notre propre réalité. Notre sourire est essentiel, alors n'arrêtons jamais de sourire. Recherchons à chaque instant ce qui nous rend heureux et visons l'excellence. La richesse de notre espace intérieur est la récompense naturelle de l'expérience. Notre pouvoir de créer dépend uniquement du pouvoir énergétique dont les trois étapes sont l'idéalisation, la visualisation et la matérialisation. N'oublions jamais que la richesse ne doit jamais être désirée comme une fin en soi, mais simplement comme un moyen d'accomplissement.

J'ai toujours été considérée comme un électron libre avec une énergie de la puissance de celle d'une centrale nucléaire. Cette métaphore est à la hauteur de mes envies de création et d'exploration de mon potentiel ! Cette énergie s'entretient quotidiennement pour la maintenir à un niveau élevé, car elle peut perdre de son intensité à tout moment. Nous sommes nos propres créateurs d'énergie et, aujourd'hui, il est temps d'arrêter de se positionner, tous autant que nous sommes, comme des victimes d'une société qui n'est que la conséquence de notre manque de connaissance. Nous devons rallumer les vannes et repartir à pleins gaz dans le but d'exploiter pleinement notre potentiel. Peu importent notre niveau d'études et notre parcours professionnel, la connaissance est le résultat de la capacité de l'individu à penser. La compréhension de nos émotions est la clé de la réussite ; nous pouvons commencer à tout âge cette quête de liberté et de retrouvailles avec la plus belle partie de nous. Rien n'est mieux que l'amour de soi, de se sentir épanoui grâce à soi pour enfin danser avec le « moi » qui rencontrera un jour un « nous » COLLECTIF.

Soyons prêts à accepter toutes les critiques : celles justifiées qui nous permettront de prendre conscience de nos lacunes, de réfléchir au moyen de devenir une personne meilleure ; mais aussi celles qui sont injustifiées, car nous apprendrons à garder notre calme, à mieux nous connaître et à passer rapidement à autre chose. Tout est question de point de vue, de vision de sa propre réalité face à l'existence.

Nos pensées se forment dans nos silences...

Le silence a été le début de la connaissance et du renouveau dans ma vie. Ce même silence qui représente le calme physique et qui est la première étape indispensable vers le contrôle et la maîtrise de soi.

Je tiens à remercier Natacha Calestrémé pour ses conseils judicieux et sa bienveillance à mon égard. L'idée de retravailler et de moderniser à nouveau l'outil des chakras m'est venue après un échange téléphonique que nous avons eu ensemble au sujet de mes recherches écrites, qu'elle avait pris le temps de lire.

Je remercie aussi Lydie Castells, qui a été la première à lire mes écrits et à partager avec moi son expérience professionnelle. Aussi, nos échanges dans le train resteront un beau moment de partage et de fous rires…

Merci à Cathy Séléna, éditrice du groupe Trédaniel, pour son professionnalisme, son écoute et son accompagnement.

Merci à Clara Bertrand--Del Piero pour ses questions pertinentes et pleines de bon sens.

Merci à mes enfants pour leur patience après tant d'heures passées derrière l'écran de mon ordinateur à retranscrire les formations et les recherches sur lesquelles j'avais travaillé. Après tant de souffrances émotionnelles, il était important que leur maman se répare et se retrouve. Vous êtes tous les deux ma plus belle réserve d'énergie, même si vous avez la capacité de la vider en un éclair…

Merci à mon mari, qui m'a vue me transformer, penser autrement et devenir une femme nouvelle, très différente de celle que j'étais il y a vingt ans. Pas toujours facile pour les personnes que nous aimons de comprendre ce besoin de silence et de repli que nous impose notre corps pour guérir de la souffrance face aux deuils. Merci pour cet amour inconditionnel et sans faille.

Pour finir, merci aux énergies qui nous dépassent, peu importe le nom que nous leur donnons. Je ne me suis jamais sentie aussi accompagnée et guidée que ces dernières années, propulsée par une force vitale incroyable en quête de connaissance. Même si le monde s'ouvre à de nombreuses possibilités offertes par ces énergies, la plupart d'entre nous ne seront jamais convaincus de leur importance et de leur incidence dans nos vies, car ils s'arrêteront à leurs croyances limitantes. Je comprends enfin que, si nous ne pouvons donner du sens au monde, alors notre existence humaine est absurde. Notre monde a un sens, que ce soit celui que lui donne la religion ou, pour ma part, celui que nous avons choisi de lui donner.

Je dépose ainsi une goutte d'eau dans l'océan des possibles à travers ce livre en vous offrant ces routines qui ont changé ma vie et réparé mon corps.

La vie et la mort sont deux courants énergétiques aux chemins parallèles. Il est facile d'aller à l'un, mais impossible d'en revenir… Alors, profitons de chaque seconde de notre souffle de vie pour faire grandir et préserver notre énergie vitale.

INTRODUCTION

« La plus grande découverte de notre temps est de comprendre et de réaliser que chacun d'entre nous a le pouvoir et le choix de changer sa vie en changeant sa façon de penser. »

William James, philosophe et fondateur de la psychologie moderne

Pour libérer le flux harmonieux de notre capacité à penser, qui est synonyme d'une santé optimale, un reset énergétique s'impose…

Afin de comprendre les huit pôles physiques et psychiques® principaux de notre corps, il faudra vous représenter celui-ci sous un angle nouveau. Notre enveloppe physique est reliée à notre enveloppe psychique par des zones sensibles appelées « points de concentration d'énergie », qui captent, transforment et transmettent l'énergie vitale dont nous avons besoin pour être en parfaite santé.

Pour faire le plein d'énergie, garder ou récupérer son énergie vitale, il faut stimuler ces points de concentration quotidiennement. C'est une façon de retrouver la forme et la santé autrement, sans compléments alimentaires ou autres substituts.

QUE SONT LES PÔLES PHYSIQUES ET PSYCHIQUES® ? COMMENT SONT-ILS REPRÉSENTÉS ?

Pour certains, vous les connaissez sous leur nom d'origine : « chakras ». J'aime les choses concrètes et accessibles à tous. Je me suis donc réapproprié complètement ce merveilleux outil en l'adaptant à mes propres expériences. C'est ainsi que les chakras sont devenus des **« pôles physiques et psychiques® »**.

Les pôles physiques et psychiques® sont des points de concentration par lesquels notre énergie vitale est reçue et transmise au réseau énergétique de notre corps. Ils sont en perpétuel mouvement, circulent, vibrent et produisent de l'énergie à travers notre corps en permanence. Cette énergie influence la vitalité de nos organes, l'harmonie de nos émotions ainsi que l'ensemble de notre système vital.

Notre corps humain possède plus de 85 000 pôles physiques et psychiques®, dont huit principaux qui nous sont indispensables. Ils sont répartis entre le dessus de notre crâne et la base de notre colonne vertébrale.

Chaque pôle physique et psychique® correspond à une couleur particulière. Cette couleur accentue le travail énergétique. Chaque couleur dégage une énergie rattachée à des ressources en lien avec un pôle physique et psychique®.

Pour rappel, une ressource est une capacité, un savoir-être ou un savoir-faire, une prédisposition, qui nous permet de réagir à l'environnement d'une manière adaptée. Nos ressources sont contenues dans nos expériences sensorielles.

1 ROUGE : PÔLE STABILITÉ

2 ORANGE : PÔLE VITALITÉ

3 JAUNE : PÔLE ÉMOTION

4 VERT : PÔLE AMOUR DE SOI

5 BLEU TURQUOISE : PÔLE COMMUNICATION

6 BLEU FONCÉ : PÔLE CONCENTRATION

7 VIOLET : PÔLE CONSCIENCE

8 OR : PÔLE INCONSCIENT

COMMENT LES PÔLES PHYSIQUES ET PSYCHIQUES® FONCTIONNENT-ILS ?

Chaque pôle physique et psychique® distribue l'énergie aux organes et aux parties du corps dont il a la charge. L'énergie est distribuée à nos organes grâce aux méridiens, qui sont des lignes de flux énergétiques traversant chaque partie de notre corps. L'énergie qui circule à travers les méridiens nous permet de ressentir des sensations et des émotions diverses.

Activer et harmoniser ces pôles physiques et psychiques® permet de rester en bonne santé générale et de ressentir du bien-être à travers une énergie vitale équilibrée.

Aujourd'hui, deux médecines reconnaissent les blocages de la circulation de l'énergie à travers les pôles physiques et psychiques® et travaillent déjà dessus depuis fort longtemps : la médecine ayurvédique et la médecine traditionnelle chinoise. Elles les considèrent comme étant à l'origine des maladies et des déséquilibres aux niveaux physique, mental et émotionnel. Nous aurions tort de ne pas nous ouvrir à leur savoir quand on connaît les résultats positifs observés sur notre santé.

Je tiens quand même à préciser que rien ne remplacera la médecine conventionnelle et les médecins. Le succès des techniques complémentaires et de leurs approches thérapeutiques ne doit pas être interprété comme un encouragement à abandonner les traitements médicaux ni une incitation à l'automédication. Continuez à vous soigner en accord avec votre médecin. Dans ma pratique, je ne travaille qu'en étroite collaboration avec le corps médical et à l'aide de ses diagnostics. Les thérapies brèves, en parallèle de traitements médicaux, permettent de trouver le plus précisément possible la source du ou des conflits psychologiques vécus dans votre histoire. C'est par une profonde prise de conscience et un travail minutieux sur le cumul émotionnel qu'il sera possible de trouver la sérénité recherchée et un état d'équilibre.

1. PÔLE STABILITÉ

ZONES PHYSIQUES

Bas du corps, pieds, jambes, os, dents, reins, vessie, anus, colonne vertébrale.

PSYCHISME

Équilibre énergétique : la personne est active, autonome, indépendante, responsable, prudente, patiente, vigilante, sait se défendre.

Hypoénergie : la personne pourrait ressentir des craintes, de l'anxiété, être dans la lune, peu sûre de soi, financièrement instable, incapable d'agir.

Hyperénergie : la personne pourrait exprimer de la cupidité, de la soif de pouvoir, de l'agressivité, du matérialisme, chercher par tous les moyens à satisfaire ses propres besoins.

2. PÔLE VITALITÉ

ZONES PHYSIQUES

Appareil digestif, intestins, système uro-génital.

PSYCHISME

Équilibre énergétique : la personne est douce, sensible, réceptive, à l'écoute, passionnée.

Hypoénergie : la personne pourrait être émotive, fuyante, avoir peur de l'intimité, se sentir isolée ou abandonnée, être en manque de créativité, de motivation, d'assurance, se déconnecter de son corps et de sa sensualité.

Hyperénergie : la personne pourrait avoir une forte libido sexuelle et être en excès émotionnel, de jalousie, de possession et de manipulation.

3. PÔLE ÉMOTION

ZONES PHYSIQUES

Estomac, pancréas, glandes excrétrices, foie, plexus solaire.

PSYCHISME

Équilibre énergétique : la personne s'exprime et exprime ses émotions, s'affirme, est courageuse, enthousiaste, rusée, créative.

Hypoénergie : la personne pourrait être naïve, boudeuse, avoir une faible estime de soi, se sentir impuissante, manquer d'autorité et avoir un complexe d'infériorité.

Hyperénergie : la personne pourrait avoir soif de pouvoir, être superficielle, tyrannique, perfectionniste, critique, égoïste.

4. PÔLE AMOUR DE SOI

ZONES PHYSIQUES

Système cardiovasculaire, circulation du sang, poumons, thyroïde, glandes mammaires.

PSYCHISME

Équilibre énergétique : la personne est fiable, courageuse, sécurisante, fait preuve d'empathie, aime son prochain.

Hypoénergie : la personne pourrait être amère, haineuse, rigide, intolérante, manquer d'empathie, avoir un rapport aux autres extrêmement conflictuel.

Hyperénergie : la personne pourrait être dépendante des autres, bloquée, limitée, maniaque, inquiète.

5. PÔLE COMMUNICATION

ZONES PHYSIQUES

Moelle épinière, gorge, cou, œsophage, cœur, poumons.

PSYCHISME

Équilibre énergétique : la personne sait s'adapter, est audacieuse, inspirante, inventive, sociable, libre, en mouvement, conquérante.

Hypoénergie : la personne pourrait avoir des difficultés à communiquer, se sentir incomprise, être timide, avoir peur du jugement, être dans l'incapacité d'exprimer son opinion et sa propre vérité.

Hyperénergie : la personne pourrait être excessive, souffrir d'addictions, avoir une communication brutale, être critique envers les autres, bavarde, volage, dispersée, donner son opinion sans réfléchir en amont.

6. PÔLE CONCENTRATION

ZONES PHYSIQUES

Cerveau, système nerveux central, tête, hypophyse, hypothalamus.

PSYCHISME

Équilibre énergétique : la personne sait s'adapter et rassembler, prend soin d'autrui, est raisonnable, volontaire, curieuse, logique, loyale, inspirante, attentionnée, conciliatrice.

Hypoénergie : la personne pourrait manquer de concentration, de réflexion, de jugement, d'objectivité, avoir un complexe d'infériorité intellectuel.

Hyperénergie : la personne pourrait avoir des pensées obsessionnelles, des troubles du sommeil, des cauchemars, des hallucinations, être paranoïaque, jalouse, envieuse.

7. PÔLE CONSCIENCE

ZONES PHYSIQUES

Glande pinéale, peau, reproduction, équilibre hormonal.

PSYCHISME

Équilibre énergétique : la personne est cérébrale, sage, spirituelle, pédagogue, épanouie, a un bon sens de l'analyse, fait preuve d'originalité et d'expertise.

Hyperénergie : la personne pourrait avoir des difficultés d'apprentissage, des problèmes de confusion, manquer de foi, être hautaine, orgueilleuse, marginale, se sentir exclue, incomprise et rejetée.

Hypoénergie : la personne pourrait être extrêmement critique, dogmatique, imbue d'elle-même.

8. PÔLE INCONSCIENT

ZONES PHYSIQUES

Aucune.

PSYCHISME

Équilibre énergétique : la personne est instinctive, intuitive, compétitrice, architecte d'idées ou de projets, guérisseuse, clairvoyante/clairaudiente/clairsentiente.

Hypoénergie : la personne pourrait être dure, violente, procédurière, victime, frustrée, se sentir illégitime.

Hyperénergie : la personne pourrait avoir un sentiment de supériorité et de toute-puissance.

Ces pôles physiques et psychiques® sont aussi imprégnés d'une mémoire qui stocke nos pensées, nos souvenirs et nos émotions.

Quand vous pensez de façon négative, que vous êtes en colère ou affecté par un événement, vous fragilisez et déchargez vos pôles internes. Ils se déchargent comme la batterie de votre téléphone ! Ils perdent par conséquent leur éclat et leur couleur, ce qui va provoquer un déséquilibre des pôles en question.

En revanche, des pôles équilibrés vibrant à leur fréquence optimale sont source de bien-être physique et mental et d'alignement corps-esprit. Ils participent au bon développement de toutes nos facultés.

Il est donc conseillé de nettoyer et de recharger vos pôles tout en apprenant à canaliser vos pensées et vos émotions, à soigner vos blessures et surtout à déconstruire vos croyances limitantes. Ce reset de votre conditionnement va vous permettre de vous sentir bien dans votre corps, en accord avec vous-même, et d'accéder à un état de pleine conscience. Votre objectif est d'apprendre à attirer en permanence ce qui est bon pour vous sur votre chemin.

Pour cela, il vous sera donc nécessaire d'apprendre à canaliser chaque pôle en fonction des spécificités qu'il représente.

Ce qu'il vous faut comprendre

Chaque personne porte son propre médecin en elle. Cherchons en nous le facteur déclenchant de notre maladie ou mal-être afin d'empêcher son retour. Si nous souffrons de maux dont nous n'arrivons pas à nous défaire, c'est que la source est profonde.

Choc émotif ou événement péniblement vécu

↓

PSYCHISME

↓

CERVEAU

↓

PÔLES PHYSIQUES ET PSYCHIQUES®

Quand une expérience est bien gérée, il n'y a pas de conflit. En revanche, dans le cas contraire, notre façon de ressentir et de traverser l'épreuve déterminera l'aire du cerveau dont le fonctionnement sera perturbé. Cela entraînera une baisse ou un surplus d'énergie du pôle régi par cette aire cérébrale.

Vous pourrez utiliser les cinquante-six routines retranscrites dans ce livre afin de vous rééquilibrer, que vous soyez en excès ou en carence d'énergie.

Pour résumer, les chagrins peuvent devenir des maladies. Notre corps somatise ce que l'esprit endure. Ce que notre inconscient garde, notre corps le crie à travers les maux et la douleur. Notre corps attire notre attention sur une émotion mal vécue dont nous devons prendre conscience afin de l'évacuer.

Les jours alliés

Pour finir, chaque jour de la semaine possède une vibration qui lui est propre et qui se lie au pôle physique et psychique® qui lui ressemble en matière de fréquence. Il s'agit du jour idéal pour travailler et nettoyer ses pôles. J'appelle ces jours « les alliés ».

Le lundi est l'allié du **PÔLE STABILITÉ**.
Le mardi est l'allié du **PÔLE VITALITÉ**.
Le mercredi est l'allié du **PÔLE ÉMOTION**.
Le jeudi est l'allié du **PÔLE AMOUR DE SOI**.
Le vendredi est l'allié du **PÔLE COMMUNICATION**.
Le samedi est l'allié du **PÔLE CONCENTRATION**.
Le dimanche est l'allié du **PÔLE CONSCIENCE**.

Attention :

LE PÔLE INCONSCIENT n'est pas rattaché à un jour de la semaine en particulier, car il est en lien avec tous les jours de la semaine. Ce pôle est constitué uniquement d'énergie psychique rattachée à la loi de l'attraction. Nous nous sommes bien souvent arrêtés aux croyances que notre environnement injecte dans notre tête. Pendant ce temps, les pensées que nous générons au quotidien se répliquent dans la matière et dans nos journées sans limites.

Le pôle inconscient n'a donc pas d'allié.

La numérologie

Vous constaterez que chaque pôle physique et psychique® est en lien direct avec un nombre et sa symbolique.

- Le PÔLE STABILITÉ est en lien direct avec le nombre 1, qui favorise le commencement, l'action, l'autonomie, les responsabilités, l'indépendance et le perfectionnement.
- Le PÔLE VITALITÉ est en lien direct avec le nombre 2, qui favorise l'écoute, le conseil, les échanges, la collaboration, les partenariats, l'accompagnement et le partage.
- Le PÔLE ÉMOTION est en lien direct avec le nombre 3, qui favorise la créativité, la joie, le jeu, le côté artistique, la communication, les échanges et le commerce.
- Le pôle AMOUR DE SOI est en lien direct avec le nombre 4, qui favorise le travail, la construction, l'organisation, la rigueur, le courage, la méthode et la sécurité.
- Le PÔLE COMMUNICATION est en lien direct avec le nombre 5, qui favorise le mouvement, la liberté, l'audace, l'adaptation, la prise de risque et le changement.
- Le PÔLE CONCENTRATION est en lien direct avec le nombre 6, qui favorise l'harmonie, la réparation, la conciliation, le rassemblement et les belles choses de la vie.
- Le PÔLE CONSCIENCE est en lien direct avec le nombre 7, qui favorise l'originalité, la différence, l'intellect, l'ouverture spirituelle, l'apprentissage et l'enseignement.
- Le PÔLE INCONSCIENT est en lien direct avec le nombre 8, qui favorise la puissance, l'énergie, la construction, l'élévation, la compétition, les idées, le courage, la justice et les lois universelles.

La numérologie joue un rôle quotidien dans notre vie sans que nous en tenions compte.

« Tout est nombre. » L'humanité a mis des millénaires pour passer de la distinction unité/multitude aux nombres. L'idée de nombre est l'aboutissement d'un long travail d'abstraction de la pensée, alors même que les nombres sont le principe des choses, des éléments, de l'harmonie universelle !

Ils sont la clé de notre développement physique et psychique et représentent le code de notre énergie vitale. La numérologie s'appuie sur des cycles de 9 ; cycles qui rythment l'existence humaine, à commencer par les 9 mois de notre gestation ; les 9 années de notre enfance ; les 9 années de notre adolescence, etc.

Les nombres et leur symbolique auront donc une impulsion sur vos routines quotidiennes et vous donneront des informations supplémentaires pour votre réflexion et vos questionnements.

En bref

Soyez attentif et à l'écoute de votre environnement physique et psychique afin de vous rééquilibrer énergétiquement en toute autonomie. C'est l'unique objectif que je me suis donné en créant ces routines orientées santé.

MODE D'EMPLOI

LE POUVOIR DES ROUTINES

La découverte la plus importante pour le développement personnel est que plus de 90 % de vos pensées, de vos émotions, de vos actions et de votre réussite sont régis par des habitudes. Depuis notre naissance, nous avons développé inconsciemment une série de réponses conditionnées qui nous permettent de réagir instantanément et sans réfléchir à chaque instant et presque à toutes les circonstances. Par conséquent, toutes les personnes épanouies, heureuses, prospères et en bonne santé ont des habitudes qui favorisent la réussite. C'est pour cela que, chaque jour, vous pourrez vous entraîner et pratiquer diverses techniques afin de travailler sur vos pôles physiques et psychiques® **sous forme de routines**. Ces routines utilisent :

- **La PNL (programmation neuro-linguistique)**, qui aide à identifier ses représentations mentales et ses automatismes ainsi qu'à les reconstruire en fonction de ses besoins et objectifs.
- **La pleine conscience**, qui invite à prêter attention à ce qui se passe en soi et autour de soi sans jugement, et à vivre pleinement le moment présent pour plus de sérénité et de bien-être.
- **La visualisation**, qui utilise l'imagination et la représentation d'images mentales positives pour favoriser la réalisation de ses objectifs et aborder de manière apaisée des événements stressants.

- **Les techniques d'optimisation du potentiel**, qui consistent à développer ses capacités cognitives, physiologiques, émotionnelles et comportementales en fonction du contexte.
- **Les soins énergétiques**, qui se pratiquent sans nécessairement toucher la personne et qui permettent d'harmoniser et d'équilibrer le flux énergétique du corps et de l'esprit.
- **La numérologie**, qui est une science des nombres dont l'interprétation aide à comprendre sa vraie nature et ses besoins essentiels, ainsi qu'à gagner en confiance en soi.
- **La loi de l'attraction universelle**, qui consiste à se concentrer sur le positif, car chaque énergie attire une énergie semblable et la fréquence intérieure d'une personne résonne en conséquence avec celle de son environnement.
- **L'EMDR (*eye movement desensitization and reprocessing*)**, qui stimule à l'aide de mouvements oculaires l'accès aux ressources inconscientes en vue d'une résolution de problème.
- **La pensée positive**, qui invite à formuler des phrases de manière optimiste pour améliorer le bien-être, s'encourager et se faire confiance.

À RETENIR

Une action souvent répétée se transforme rapidement en routine. On dit souvent qu'il suffit de vingt et un jours pour adopter une nouvelle habitude, mais je vous conseille une pratique sur trente-trois jours pour mieux l'intégrer. Sur le plan symbolique, en numérologie, ce nombre est considéré comme un puissant symbole de positivité. Il émet de fortes énergies positives et représente l'harmonie. Vous retrouverez le repère 33 pour les routines que je vous conseille de mettre en place sur cette durée. Une fois adoptée, une routine devient de plus en plus puissante et s'intègre naturellement dans votre psychisme.

MISE EN PRATIQUE

« On ne devient que ce que l'on croit. »
Grâce à des exercices quotidiens de routines énergétiques, vous pouvez commencer par changer en vous ce que vous voulez changer autour de vous.

Précision importante : cette mise en pratique est si puissante qu'elle peut être aussi utilisée au quotidien par les soignants, les thérapeutes, les conseillers ou encore les coaches. Véritable support pédagogique d'introspection, cet outil ludique et moderne peut aussi être utilisé en groupe pour travailler sur les émotions.

Ce livre est constitué de cinquante-six routines qui représentent les huit principaux pôles physiques et psychiques® de notre corps.

Plusieurs routines peuvent être mises en pratique en même temps. Il est important de préciser que l'on peut changer de routine chaque jour sans les mettre en place sur le long terme, tout comme on peut se concentrer sur une routine à la fois. Tout va dépendre de vos envies, de vos attentes et du travail énergétique que vous allez commencer. Qui plus est, certaines routines sont plus adaptées que d'autres au travail sur trente-trois jours : cela est signalé tout au long du livre.

Je vous conseille de commencer par vous familiariser avec les routines et d'ensuite choisir celles que vous souhaitez instaurer sur trente-trois jours. Vous trouverez à la fin de ce livre un calendrier spécifique pour y inscrire vos routines.

En attendant, voici plusieurs options pour utiliser vos routines.

Choisir une routine en fonction du jour de la semaine (allié)

1. Privilégiez le matin de préférence pour choisir et commencer votre routine.
2. Asseyez-vous confortablement, les pieds à plat sans croiser les jambes.
3. Pensez au jour de la semaine et imaginez-le comme un allié, un ami, un guide.
4. Restez concentré. Plus vous vous focaliserez sur ce jour de la semaine, plus vous installerez le calme à l'intérieur de vous.
5. Reportez-vous au chapitre du pôle physique et psychique® correspondant à ce jour en vous aidant des couleurs.
   Exemple : lundi = allié du pôle stabilité = pages rouges.
6. Choisissez un nombre de 1 à 7 (celui qui vient à vous, sans réfléchir) ou une page au hasard sans regarder son contenu, celle qui vous attire, qui vous donne envie.
7. Lisez votre routine.
8. Mettez-la en pratique.

Comme précisé plus tôt, le pôle inconscient n'a pas d'allié. Par conséquent, vous ne pourrez pas travailler ce pôle en utilisant les jours de la semaine. Le pôle inconscient est un centre énergétique un peu particulier, car il est en lien avec toutes les énergies inconscientes de notre corps. Les routines de ce huitième pôle se travailleront donc en fonction de vos besoins ou en utilisant le livre comme un oracle.

Choisir une routine en fonction du pôle physique et psychique® que vous avez choisi de travailler

1. Identifiez votre besoin et quels pôles physiques et psychiques® s'y rattachent (voir pages 16 à 20).
2. Reportez-vous au chapitre correspondant en vous aidant des couleurs.
   Exemple : peur du jugement d'autrui = pôle communication = pages bleues.
3. Asseyez-vous confortablement, les pieds à plat, sans croiser les jambes.
4. Concentrez-vous sur votre respiration pour préparer le calme dans votre tête.
5. Choisissez un nombre de 1 à 7 (celui qui vient à vous, sans réfléchir) ou une page au hasard sans regarder son contenu, celle qui vous attire, qui vous donne envie.
6. Lisez votre routine.
7. Mettez-la en pratique.

Choisir une routine en vous laissant guider par votre intuition

Un livre peut être utilisé comme un oracle.

Ma définition d'un oracle : prolongation ou extension de l'inconscient qui sait tout ce qui est bon pour la personne qui s'interroge. Notre intuition possède ce même rôle. En utilisant un support comme intermédiaire, notre inconscient n'est pas parasité par notre conscient, ce qui nous donne un message personnalisé, et éventuellement une suggestion suite à une question pensée ou posée. Un oracle – ou un livre-oracle – n'a rien de divinatoire : il s'agit d'un support de travail pour toutes vos questions de réflexion.

1. Prenez le livre fermé dans vos mains.
2. Asseyez-vous confortablement, les pieds à plat, sans croiser les jambes.
3. Concentrez-vous sur votre respiration pour faire le calme dans votre tête.
4. Fermez les yeux pour que votre inconscient vous guide vers une page sans voir les couleurs des pôles.
5. Touchez les pages du livre en gardant les yeux fermés et, quand vous êtes prêt, choisissez une page au hasard, celle qui vous attire, qui vous donne envie.
6. Regardez la couleur de la routine choisie.
7. Faites le lien entre la couleur et le pôle physique et psychique® correspondant.
8. Vous n'avez plus qu'à lire votre routine et à la mettre en pratique, le matin de préférence !

Conseil

Pour que vos routines se déroulent de plus en plus naturellement, je vous conseille de les mettre en pratique tous les matins à votre réveil et de vous accorder cinq minutes uniquement pour cet instant. Les premiers instants du matin donnent le ton pour tout le reste de la journée. Par conséquent, mieux vaut prévoir une bonne dose de vitamines afin d'être dans la meilleure disposition !

- S'imposer un rendez-vous avec soi-même au quotidien est la clé de la réussite de ce programme et vous permettra de décrocher un bien-être physique et psychique optimal.
- Être en parfaite harmonie et en équilibre avec votre corps et votre tête est la clé de votre santé.

IMPORTANT

Ces routines quotidiennes ont été pensées de manière simple afin que vous ne soyez jamais limité dans leur utilisation. Je vous ai fait des propositions de mise en pratique pour tous niveaux, faciles à mettre en place.
Maintenant, à vous de créer vos propres conventions avec ces routines et de les utiliser comme bon vous semble. Ne vous limitez pas à mon utilisation, mais, au contraire, appropriez-les-vous dans votre quotidien afin qu'elles deviennent un outil précieux. Votre précieux !

BONUS : MÉTHODE POUR UNE MEILLEURE CONNAISSANCE DE SOI

Faites votre bilan énergétique grâce à la roue des besoins fondamentaux

Cette roue s'intéresse aux huit besoins de notre vie, qui sont :

1. Le besoin de stabilité (lieu de vie, environnement, travail).
2. Le besoin de vitalité (santé, forme).
3. Le besoin d'émotions (loisirs, plaisir).
4. Le besoin d'aimer et de s'aimer (relations en général, situation amoureuse).
5. Le besoin de communiquer (vie sociale, relations aux autres).
6. Le besoin de concentration (rêves, désirs, objectifs).
7. Le besoin de conscientiser (ouverture spirituelle, intellect, enseignement, apprentissage, nouveauté).
8. Le besoin de réalisation (abondance, chance, attraction, synchronicité).

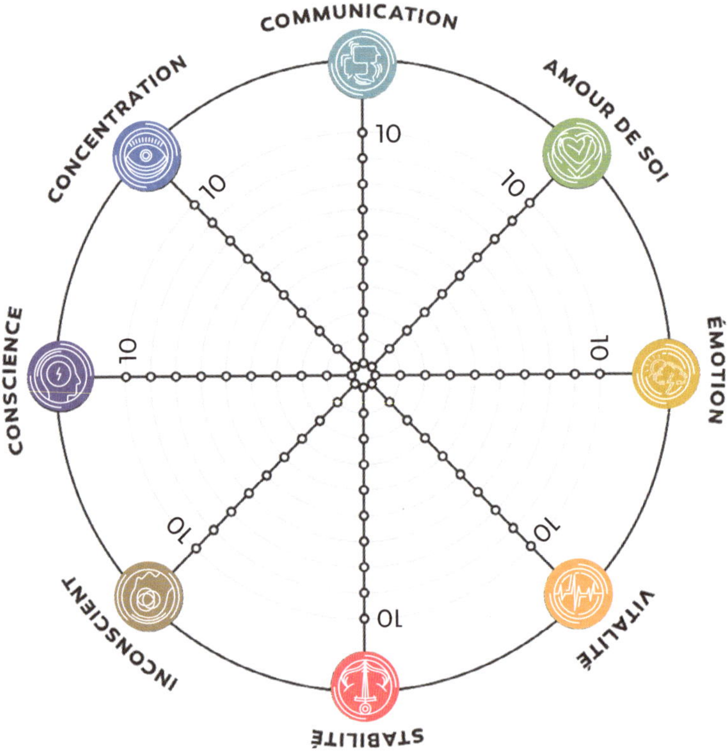

Comment fonctionne-t-elle ?

La roue des besoins vous permet d'évaluer en un clin d'œil votre degré de satisfaction dans les huit domaines.

Pour chaque thématique, attribuez une note de 1 à 10 :

- 1 étant la note la plus basse : le besoin n'est pas satisfait.
- 10 étant la note la plus élevée : tout va bien !

Coloriez les lignes jusqu'à la note que vous attribuez. Ensuite, c'est simple : **observez !** En un clin d'œil, vous pouvez désormais vous rendre compte des domaines de votre vie dans lesquels votre satisfaction est optimale et ceux dans lesquels votre degré de satisfaction est le plus bas.

Quels sont les trois nouveaux piliers de votre vie ?

Après cette phase d'observation, il est temps d'analyser la situation. Posez-vous une seule question :

Dans quels domaines de ma vie ai-je envie d'agir maintenant ?

Définissez clairement les trois domaines de votre vie dans lesquels vous souhaitez passer à l'action.

Considérez ces domaines comme les trois nouveaux piliers de votre vie.

Utilisez les routines de la couleur de vos trois nouveaux piliers de vie et travaillez-les pendant trente-trois jours pour chaque pilier.

À force de volonté et de rigueur, vous augmenterez votre satisfaction pour une vie à la hauteur de vos espoirs !

Quelques réflexions pour vous aider dans votre travail personnel

VOS PASSIONS :

Avoir des passions est un pilier fondamental du développement personnel, ou plus largement de la réussite et du bonheur. Cela ne vient pas naturellement, et les passions peuvent évoluer dans le temps. Elles aident chacun à devenir un être unique.

Quelle passion vous anime ?
Quels sont vos talents ?

VOS VALEURS PERSONNELLES :

Quelles sont les valeurs fondamentales qui font la personne que vous êtes ?

Celles que vous êtes prêt à défendre à tout prix ?
Quelles sont les actions dont vous êtes fier ?

VOS ASPIRATIONS :

Quelles sont votre ou vos aspirations profondes, ce que vous voulez faire de votre vie ?
Quelles sont les choses que vous regretteriez de ne jamais avoir faites ?
Quels sont vos rêves ?
Quel est votre objectif de vie ?
Quelles sont les personnes qui vous inspirent ?

OUTILS PRÉCIEUX

Afin de vous approprier entièrement vos routines et de vous familiariser avec leurs grandes énergies, voici les slogans de la réussite des pôles physiques et psychiques® par nombre et par couleur.

Les huit slogans énergétiques pour rester connecté à son potentiel

1. Repoussez vos limites.
2. Sachez vous entourer.
3. Rêvez grand.
4. Fuyez la perfection.
5. Prenez des risques.
6. Mettez en place des routines.
7. Apprenez en permanence.
8. Travaillez sur la durée.

Les huit slogans énergétiques pour réduire le manque d'énergie

1. Faites du sport.
2. Respirez en profondeur.
3. Coloriez.
4. Rangez, organisez.
5. Chantez.
6. Fermez les yeux.
7. Méditez.
8. Riez.

Onze renforcements positifs à répéter pour favoriser l'attraction chaque jour de votre vie

Additionnez les nombres correspondant à la journée, au mois et à l'année en cours puis réduisez ce nombre selon la théorie de la réduction théosophique (on réduit les nombres en les additionnant entre eux jusqu'à obtenir un seul nombre) afin de trouver votre affirmation du jour.

Exemple : le lundi 12/01/2022 = 1+2+1+2+2+2 = 10 = 1

Votre renforcement positif du jour à répéter correspond à la vibration du nombre 1.

ATTENTION

Il existe cependant trois cas dans lesquels il convient de ne pas réduire le sous-nombre final : le 11, le 22 et le 33. Ces trois nombres, appelés « maîtres nombres », comprennent une notion de surpassement par la vibration énergétique qu'ils dégagent.

VOICI VOS RENFORCEMENTS POSITIFS :

1. Je fais ce que j'aime, mon travail est un jeu.
2. Mon corps est en **parfaite santé** et mon esprit est clair.
3. Je crée ce que je veux **sans effort**.
4. Je m'attends seulement **au meilleur** et je travaille pour l'obtenir.
5. Je suis libre de **penser et de rêver de façon illimitée**.
6. Je me réveille **enthousiaste**, et cet enthousiasme me suit toute la journée.
7. J'aime ma différence et mon originalité, et je suis **reconnaissant** pour tout ce que j'ai.
8. Je construis avec envergure, **je mérite** d'avoir tout **ce que je désire**.
9. Je mets **de l'amour et du positif** dans tout ce que je fais.
11. Je me surpasse et je change le monde autour de moi en me changeant moi-même.
22. J'écoute mon **intuition** sans condition.
33. J'apporte **de l'attention et des solutions** dans mon environnement en guidant et en rassemblant.

À RETENIR

Ces renforcements positifs sont à répéter au minimum deux cent vingt-deux fois dans votre journée afin que votre psychisme les considère comme possibles en matière d'intégration énergétique et que votre corps commence un travail de libération et d'inversion des polarités positives et négatives.

ASTUCE

Si l'on considère que nous avons en moyenne douze heures d'éveil par jour, alors, toutes les heures, répétez votre renforcement positif une vingtaine de fois.

Les pensées que nous avons peuvent affecter notre vie quotidienne ainsi que nos émotions et nos comportements. Il est important de comprendre la relation qui existe entre contrer une pensée négative et réduire les conséquences négatives de cette dernière. Pour cela, la première chose à faire est d'identifier nos schémas de pensées négatives automatiques qui, par la force de l'habitude, en sont arrivés à faire partie de nos croyances fondamentales. Chaque fois qu'une pensée négative arrive dans notre esprit et que nous ne nous opposons pas à elle, cette pensée va tout faire pour perdurer et s'installer durablement dans notre esprit. Alors, chaque nouvelle pensée négative déchaînera d'autres pensées de la même nature, provoquant ainsi une inondation cognitive.

Or il en est exactement de même avec le fonctionnement de vos pensées positives ! Les renforcements positifs proposés en page précédente vous aideront donc à installer durablement dans votre esprit de la positivité, ce qui déclenchera des conséquences positives dans votre réalité.

À NOTER

N'oubliez pas que, avant de pouvoir installer un état positif dans votre psychisme, il vous faudra d'abord retrouver un état de neutralité, ce qui sera plus ou moins long en fonction de la saturation négative que vous aurez emmagasinée à l'intérieur de vous. C'est pour cela que ces renforcements positifs sont à répéter deux cent vingt-deux fois par jour afin que vous retrouviez un état de bien-être rapidement.

SÉRIES NUMÉRIQUES

Ces derniers mois, j'ai mis en place une technique que j'ai déposée et qui m'est propre, dont les résultats sur le corps et le comportement sont absolument surprenants. J'ai associé la programmation neuro-linguistique (PNL) avec la numérologie pour en faire la programmation neuro-numérique. Je partage avec vous une des techniques que j'affectionne particulièrement par son effet de rapidité pour conduire notre changement.

Objectif : contourner votre psychisme et intégrer directement dans votre corps les ressources en lien avec la symbolique d'un nombre.

Votre corps doit pouvoir intégrer les énergies des nombres, comprendre leur symbolique afin d'impulser de nouveaux comportements et de nouvelles façons de penser de manière naturelle.

Avant de commencer l'intégration de séries numériques dans votre espace mental, il vous faudra être capable d'identifier la symbolique de chaque interprétation des nombres.

À RETENIR

Interprétation énergétique du nombre 1: **favorise le commencement, l'action, l'autonomie, l'indépendance et le perfectionnement.**

Interprétation énergétique du nombre 2: **favorise l'écoute, le conseil, les échanges, la collaboration, les partenariats, l'accompagnement et le partage.**

Interprétation énergétique du nombre 3: **favorise la créativité, la joie, le jeu, le côté artistique, la communication, les échanges et le commerce.**

Interprétation énergétique du nombre 4: **favorise le travail, la construction, l'organisation, la rigueur, le courage, la méthode et la sécurité.**

Interprétation énergétique du nombre 5: favorise le mouvement, la liberté, l'audace, l'adaptation, la prise de risque et le changement.

Interprétation énergétique du nombre 6: favorise l'harmonie, le soin, la réparation, la conciliation, les responsabilités, le rassemblement et les belles choses de la vie.

Interprétation énergétique du nombre 7: favorise l'originalité, la différence, l'intellect, l'ouverture spirituelle, l'apprentissage et l'enseignement.

Interprétation énergétique du nombre 8: favorise la puissance, l'énergie, la construction, l'élévation, la compétition, les idées, le courage, la justice, la légitimité, la place et les lois universelles.

Interprétation énergétique du nombre 9: favorise l'humain, le collectif, la tolérance, l'ouverture au monde, l'engagement humanitaire et l'international. Sa couleur est l'argent très clair. Il s'agit d'un nombre en lien avec un pôle physique et psychique® non mis en avant dans ce livre, car il se travaille uniquement sur un plan méditatif. Ce centre énergétique surpasse les corps physique et psychique. Vous pouvez cependant travailler au quotidien les ressources associées au nombre 9.

Interprétation énergétique du nombre 11: favorise l'intuition, le surpassement, la recherche et l'inspiration. Sa couleur est aussi le doré, car il s'agit d'un nombre maître en lien avec le pôle inconscient.

Interprétation énergétique du nombre 22: favorise l'intuition, l'ambition pour le collectif, les réalisations à haut potentiel et le magnétisme. Sa couleur est le doré, car il s'agit d'un nombre maître en lien avec le pôle inconscient.

Interprétation énergétique du nombre 33: favorise l'engagement et l'aide à autrui. Sa couleur est le bleu foncé. Même s'il s'agit d'un nombre maître, le nombre 33 est en lien avec le pôle concentration.

MISE EN PRATIQUE

Chaque jour, comme si vous jouiez sur une grille de loto, choisissez au hasard six nombres, en vous laissant guider par votre intuition du moment (je ne crois toutefois pas au hasard, mais plutôt aux synchronicités du corps qui vous fait une demande par rapport à ses besoins du moment). Écrivez-les afin d'avoir un support, pour vous aider à les retenir, puis intégrez-les dans votre espace mental en les répétant deux cent vingt-deux fois par jour, soit vingt fois toutes les heures.

Si vous connaissez par cœur la symbolique numérologique, il vous suffira de citer un nombre dans votre espace mental pour que votre corps intègre dans vos cellules la symbolique associée. N'oubliez pas que votre cerveau ne fait pas la différence entre le réel et l'irréel. Tout ce que vous intégrez mentalement par la visualisation est considéré comme potentiellement réel. Cela explique que, bien souvent, quand nous nous réveillons après un cauchemar ou un mauvais rêve, nous sommes presque convaincus que ces événements se sont bien déroulés. Nous pouvons même parfois ressentir des douleurs physiques dans notre corps qui était pourtant au repos.

Voici comment mettre en place la technique de programmation neuro-numérique :

- Fermez les yeux et commencez par installer le calme en vous, en faisant une minute de silence et de respiration profonde.
- Citez chaque nombre les uns à la suite des autres en les associant avec leur symbolique, toujours dans votre espace mental (par exemple, si votre série numérique est 8-7-3-2-6-1, pensez à la puissance, au courage et à la compétition pour votre premier nombre, le 8).

- Imaginez que toutes ces ressources pénètrent à l'intérieur de vous par votre bouche et qu'elles s'installent dans votre corps, qui commence leur intégration dans votre espace interne.
- Prenez vraiment le temps de faire la même chose avec tous les nombres choisis, puis rouvrez vos yeux et commencez votre journée.
- Enfin, toutes les heures, récitez vingt fois uniquement votre série numérique, car votre corps reconnaîtra le lien nombre/représentation symbolique activé et ancré le matin.

À RETENIR

Cette méthode très efficace est faite uniquement pour des personnes qui aiment les challenges et les exercices de répétition mentale. Pour les autres qui trouveront cela trop contraignant et rébarbatif, je les encourage à dépasser leurs croyances en essayant d'y mettre de la joie et de la créativité, ou d'utiliser un autre outil que la série numérique.

LEXIQUE

ANCRAGE/STABILITÉ : connexion à la matière pour concrétiser les attentes, les projets, et être dans l'instant présent.

Exemple : je renforce ma motivation en faisant du sport.

ÉNERGIE : essence même de la vie. L'énergie circule dans tout le corps à travers des méridiens énergétiques jusqu'aux centres d'énergie que sont les pôles physiques et psychiques®.

Exemple : s'il n'y a pas assez d'énergie qui circule jusqu'à mon pôle concentration, je manquerai d'objectivité et de jugement.

ESTIME DE SOI : ce que l'on pense de soi.

Exemple : je crois en mon pouvoir de persuasion.

ÉTAT INTERNE : expérience psychologique vécue qui appartient au domaine des sensations et des émotions.

Exemple : je ressens du bonheur en cet instant.

EFFET MIROIR : mécanisme de pensée et de fonctionnement où l'on se voit à travers l'autre. C'est ce qui nous dérange chez l'autre dans ses comportements ou dans ses mots et qui met en lumière ce que nous avons à travailler en nous-même.

Exemple : ce n'est pas ce que vous me dites qui me blesse, mais ce sont mes propres plaies intérieures qui réagissent lorsqu'elles sont touchées par vos propos.

ÉMOTION : réaction provoquée par un stimulus intérieur ou extérieur.

Exemple : quand je regarde les photos de mes enfants quand ils étaient petits, je ressens un brin de nostalgie.

CONFIANCE EN SOI : conscience de soi, connaissance de soi et de ses talents. C'est le sentiment d'être capable de faire quelque chose.

Exemple : je sens que je suis capable de prendre la parole en public.

CROYANCES LIMITANTES : convictions et façons d'envisager le monde qui forment le filtre permanent de notre perception de nous-même et de ce qui nous entoure.

Exemple : il faut faire des études pour réussir sa vie.

CONSCIENCE : faculté de chaque personne à intégrer sa propre réalité, c'est-à-dire sa propre façon de voir les choses. C'est la faculté réflexive de l'esprit humain.

Exemple : avec nos enfants, on ne fait pas ce que l'on veut, mais ce que l'on peut.

CONSCIENT : ensemble de ce que l'on perçoit de son activité psychique.

Exemple : je me rends compte que je broie du noir le soir en me couchant, car je me sens terriblement seule dans cet appartement.

INCONSCIENT : ensemble de ce que l'on ne perçoit pas de son activité psychique.

Exemple : je parle toute seule dans la rue sans m'en rendre compte.

INTUITION : connexion avec son âme.

Exemple : j'ai l'impression qu'il me cache quelque chose.

FAILLE ÉNERGÉTIQUE : dispersion d'énergie importante causée par un événement, une situation ou une émotion négative trop importante.

Exemple : j'ai vécu une trahison et souffre depuis de maux physiques et psychiques.

LIBRE ARBITRE : entière liberté de faire ou de ne pas faire, de choisir ou de ne pas choisir selon sa volonté.

Exemple : je décide de ne pas prendre part à vos chamailleries, cela ne me regarde pas. Il s'agit de votre conflit !

OBJECTIF DE VIE : vision d'une personne, de ce qu'elle aimerait être ou faire dans le futur.

Exemple : je suis née pour devenir pianiste.

PÔLES PHYSIQUES ET PSYCHIQUES® (CHAKRAS) : centres énergétiques où se concentre l'énergie vitale dans le corps.

Exemple : si j'ai des rapports conflictuels avec autrui, mon pôle amour de soi est sans doute déséquilibré.

PSYCHISME : ensemble des caractères conscients ou inconscients d'une personne qui fondent sa personnalité.

Exemple : j'ai une tendance à la négativité, mais je suis persévérante.

PRISE DE CONSCIENCE : capacité à se remettre en question et à prendre du recul par rapport à des expériences vécues.

Exemple : je me rends compte que pratiquer la pleine conscience me détend et diminue mon stress.

RENFORCEMENT POSITIF (MANTRA) : mot ou ensemble de mots positifs avec une forte énergie attractive.

Exemple : tout ce que je veux me veut !

SYNCHRONICITÉ : coïncidence qui prend soudainement du sens et qui est porteuse de transformation en se produisant au moment opportun.

Exemple : je me trouvais en consultation avec une patiente et celle-ci me racontait un rêve où on lui offrait un bijou en forme de scarabée. À ce moment-là, un scarabée se mit à taper contre la vitre du bureau, voulant s'introduire dans la pièce.

ROUTINE : ensemble de méthodes quotidiennes pour la mise en place d'une pratique.

Exemple : je pratique la météo mentale pour décoder les messages de mon corps.

VITALITÉ : intensité de l'énergie, dynamisme.

Exemple : je me sens en pleine forme pour aller faire du sport ce matin avec toi.

LES
ROUTINES

PÔLE
STABILITÉ

1

Le pôle stabilité est représenté par la couleur rouge ainsi que par l'énergie numérique 1. Il s'agit de notre premier centre d'énergie vitale, qui, comme son nom l'indique, régule notre stabilité sur les plans physique et psychique. Il est souvent associé à l'ancrage du corps. En méditation, pour travailler ce centre énergétique, il est courant de le visualiser sous la forme des racines d'un arbre majestueux venant absorber les énergies de la Terre et s'en remplir.

Ce centre d'énergie est responsable de la zone physique du bas du corps (pieds, jambes), mais aussi des os, des dents, des reins, de la vessie, de l'anus et de la colonne vertébrale. Vous pourrez constater qu'il s'agit là de membres et d'organes actifs dont le bon fonctionnement est capital pour notre corps et notre survie. Si vous poussez l'analyse plus loin, vous noterez que les énergies qui irriguent ces zones physiques correspondent à la vibration 1 en numérologie : ce sont des énergies du début, du commencement, de l'action, de force à travers la matière (les pieds et les jambes qui nous permettent d'avancer et de nous déplacer, les dents qui tranchent, etc.).

Sur le plan psychique, un équilibre énergétique satisfaisant impulsera une prédisposition à devenir une personne active, autonome, indépendante, avec le sens des responsabilités et surtout avec stabilité.

La plus grande difficulté relative à ce pôle sera de trouver la bonne cadence, le bon rythme d'action, qui sera propre à chacun afin de maintenir une vitesse de croisière agréable pour votre corps et votre tête !

Alors, allez-y, déployez vos racines et expérimentez dans la matière au moyen des expériences… À chaque fois que vous vivez de nouvelles choses, même quand vous croyez avoir tout raté, votre centre énergétique du pôle stabilité travaille au maintien de son équilibre inconsciemment. Plutôt agréable de voir chaque expérience comme cela !

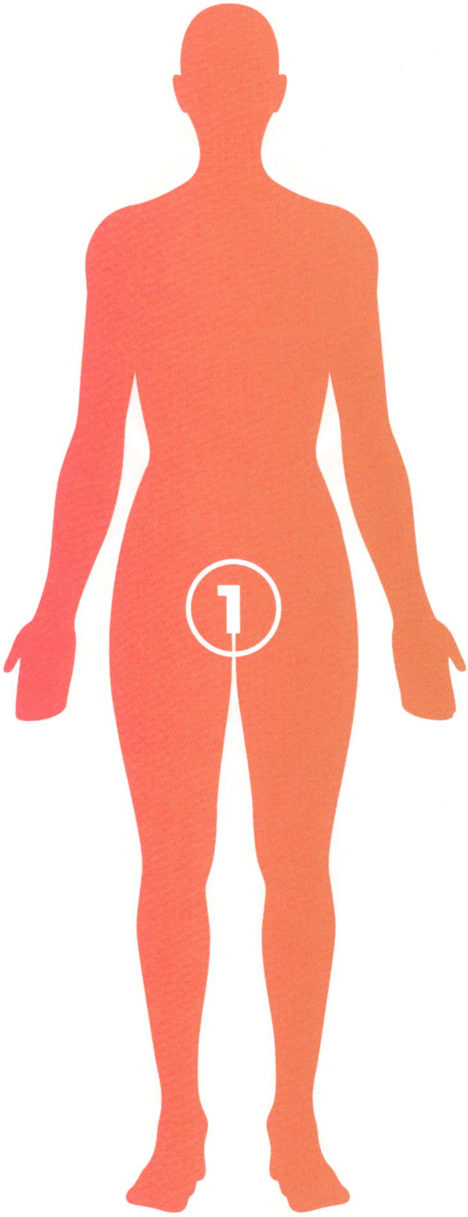
1

ROUTINE 1

S'ALLÉGER DE SES PENSÉES

MATÉRIEL REQUIS : aucun

TEMPS NÉCESSAIRE : cinq minutes

TECHNIQUE UTILISÉE : pleine conscience

NIVEAU DE DIFFICULTÉ : facile ★☆☆

Cette routine a pour objectif de mettre de l'ordre dans vos pensées et de faire de la place dans votre espace mental afin d'adopter une posture qui favorisera la mise en action.

Une fois cette routine intégrée, elle sera particulièrement utile dans vos prises de décisions, car plus vous exprimerez vos pensées, plus il sera facile de prendre les bonnes décisions et de commencer quelque chose de nouveau.

- Asseyez-vous confortablement, les pieds à plat, sans croiser les jambes.
- Fermez les yeux pour intensifier l'exercice.
- Commencez par récupérer de l'oxygène grâce à la respiration profonde :
  - sept secondes d'inspiration par le nez pour bien remplir le ventre ;
  - sept secondes pour bloquer l'air à l'intérieur de vous ;
  - sept secondes d'expiration par la bouche.
- Ensuite, laissez venir à vous toutes les pensées qui arrivent, sans jugement ni aucune résistance.
- Observez mentalement, tranquillement, les pensées et les images qui s'invitent dans ce moment.
- Détaillez-les mentalement dans votre tête ou à voix haute comme si vous deviez les décrire, les raconter à un ami.
- Mettez une émotion, positive ou négative, sur chacune de vos pensées.
- Restez dans cette posture le temps qu'il vous sera nécessaire pour que chacune de vos pensées ait le temps de s'exprimer et de se faire connaître.
- Quand le calme est en vous et que vous sentez que vous avez terminé, rouvrez les yeux. Observez la place que vous avez libérée à l'intérieur de vous en quelques minutes et le bien-être que vous ressentez lorsque vous exprimez vos sentiments.

ROUTINE 2

FAIRE LE PLEIN D'ÉNERGIE

MATÉRIEL REQUIS : aucun

TEMPS NÉCESSAIRE : cinq minutes

TECHNIQUES UTILISÉES : développement du potentiel et visualisation

NIVEAU DE DIFFICULTÉ : facile ★☆☆

MON CONSEIL : à mettre en place sur minimum 33 jours

Cette routine a pour objectif d'apprendre à se recharger grâce aux ressources énergétiques qui sont autour de nous et qui sont inépuisables.

Une fois cette routine intégrée, elle sera particulièrement utile dans les périodes où vous serez fatigué, bloqué, malade. Si vous décidez de pratiquer cette routine sur trente-trois jours, vous gagnerez en tonus et en forme physique et psychique à coup sûr, ce qui favorisera votre envie de repousser vos limites et de mettre en avant votre leadership.

- Asseyez-vous confortablement, les pieds à plat, sans croiser les jambes.
- Fermez les yeux pour intensifier l'exercice.
- Commencez par récupérer de l'oxygène grâce à la respiration profonde :
  - sept secondes d'inspiration par le nez pour bien remplir le ventre ;
  - sept secondes pour bloquer l'air à l'intérieur de vous ;
  - sept secondes d'expiration par la bouche.
- Dans votre espace mental, projetez-vous devant un chêne gigantesque, âgé de plusieurs centaines d'années. Ce chêne est tellement robuste que vous vous sentez tout petit installé à côté de lui.
- Toujours dans votre espace mental, posez vos deux mains bien à plat sur son tronc et laissez toute son énergie vous recharger en vitalité.
- Plus vos mains sont en contact avec cet arbre et plus votre corps physique se recharge en énergie vitale : vous vous sentez rempli de vitalité et de force.
- Quand vous sentez que vous êtes complètement rechargé, remerciez l'arbre de cette expérience.
- À votre rythme, rouvrez les yeux.
- Observez et ressentez cette énergie psychique qui s'est installée en vous en quelques minutes.

ROUTINE 3

LA MÉTÉO MENTALE

Matériel requis : aucun

Temps nécessaire : cinq minutes

Techniques utilisées : développement du potentiel et visualisation

Niveau de difficulté : facile ★☆☆

Mon conseil : à mettre en place sur minimum 33 jours

Cette routine a pour objectif d'apprendre à communiquer avec votre corps grâce à son propre langage. Les métaphores, les symboles et les images font partie de la construction du langage corporel. Votre corps les utilise pour envoyer un message décodé par votre psychisme sous forme de pensées. Or, bien souvent, le message envoyé par votre corps est mal traduit, incompris, voire erroné, par manque de compréhension de ce langage imagé… C'est ainsi que les émotions entrent en scène pour faire le lien entre les plans physique et psychique.

Une fois cette routine intégrée, elle sera particulièrement utile pour vous faciliter la réception et l'interprétation des messages de votre corps. Si vous décidez de pratiquer cette routine sur trente-trois jours, vous gagnerez en capacité de pensée et de décision en fonction des messages intuitifs corporels interceptés.

- Asseyez-vous confortablement, les pieds à plat, sans croiser les jambes.
- Fermez les yeux pour intensifier l'exercice.
- Commencez par récupérer de l'oxygène grâce à la respiration profonde :
  - sept secondes d'inspiration par le nez pour bien remplir le ventre ;
  - sept secondes pour bloquer l'air à l'intérieur de vous ;
  - sept secondes d'expiration par la bouche.
- Dans votre espace mental, visualisez votre état émotionnel du moment sous forme de météo. Si vous vous sentez
  - calme ou détendu, motivé, heureux, excité ou ambitieux : faites apparaître un soleil au-dessus de votre tête ;
  - fatigué, épuisé ou découragé : un nuage ;
  - triste, morose, angoissé : de la pluie ;
  - honteux, agressif, énervé, agité, fébrile : de l'orage.
- Prenez quelques instants pour solliciter vos sens : écoutez si vous entendez des sons, sentez si des odeurs vous parviennent et ressentez si des douleurs physiques arrivent.
- Accueillez votre météo mentale sans vous juger et dites une fois les phrases suivantes : « Je prends conscience de l'état physique et psychologique dans lequel je suis aujourd'hui. J'accueille cette journée du mieux que je peux en fonction de mes besoins. »
- Prenez une grande respiration et soufflez profondément pendant sept secondes.
- À votre rythme, rouvrez les yeux.
- Vous êtes dans la posture idéale pour vivre cette journée dans l'instant présent.

ROUTINE 4

TO-DO LIST

MATÉRIEL REQUIS : un bloc-notes et un feutre

TEMPS NÉCESSAIRE : dix minutes pour faire la liste puis une minute par jour

TECHNIQUE UTILISÉE : programmation neuro-linguistique

NIVEAU DE DIFFICULTÉ : exigeant ★★★

MON CONSEIL : à mettre en place sur minimum 33 jours

Cette routine a pour objectif de transformer vos tâches du quotidien en déclencheurs d'action. Puisque ces tâches sont souvent de véritables contraintes, elles favorisent la procrastination et donc l'inaction. En travaillant dessus, vous développerez inconsciemment le sentiment d'être capable de gérer et de prendre en main les choses, dans le but de favoriser dans votre environnement les énergies de commencement et de réalisation.

Une fois cette routine intégrée, elle sera particulièrement utile pour mettre en avant votre sens des responsabilités, votre capacité à mettre en œuvre les choses, à être performant, à entreprendre et à décider ce qui est le plus important dans votre quotidien. Les premiers jours, c'est facile, la difficulté sera de vous y tenir.

La magie de cette routine est que, en notant à la fois des choses « faciles » et des choses « difficiles », vous rendrez chaque tâche plus accessible… N'oubliez pas, c'est vous qui construisez votre chemin en fonction de vos propres choix !

- Prenez un bloc-notes adhésif, de couleur et tape-à-l'œil de préférence.
- Notez toutes les activités impératives que vous avez à faire au cours des trois prochaines semaines

  Exemple :
  - courses ;
  - rendez-vous médical ;
  - sport ;
  - passage à la poste ;
  - impressions (devis, contrat, cours, etc.) ;
  - réservation de vacances ;
  - etc.
- Collez cette liste sur votre agenda, sur votre frigo, sur votre mur, sur votre bureau, au dos de votre portable.
- Quotidiennement, regardez cette liste et focalisez-vous sur la réalisation de vos actions.
- Quand votre tâche est accomplie, surlignez-la au marqueur et ressentez un état de satisfaction dû à sa réalisation.

ROUTINE 5

RÉCUPÉRATION DE RESSOURCES

Matériel requis : aucun

Temps nécessaire : cinq minutes

Techniques utilisées : programmation neuro-linguistique et développement du potentiel

Niveau de difficulté : moyen ★★☆

Cette routine a pour objectif d'associer un état émotionnel positif avec un geste corporel précis pour créer un conditionnement bénéfique. Laissez votre corps choisir la gestuelle ou le mouvement de son choix en écoutant votre intuition corporelle.

Une fois cette routine intégrée, elle sera particulièrement utile pour vous donner assez d'énergie dans l'accomplissement de vos objectifs (besoins, intention, projets).

Cette technique de transfert par l'ancrage dans un mouvement du corps vous permettra d'être aligné et en parfait accord corps/esprit pour provoquer l'autonomie dans votre travail d'introspection. Devenez votre propre thérapeute ! Vous possédez toutes les ressources nécessaires à votre équilibre à l'intérieur de vous. Il faut simplement trouver les bonnes clés et leur cachette dans votre corps.

- Asseyez-vous confortablement, les pieds à plat, sans croiser les jambes.
- Fermez les yeux pour intensifier l'exercice.
- Commencez par récupérer de l'oxygène grâce à la respiration profonde :
  - sept secondes d'inspiration par le nez pour bien remplir le ventre ;
  - sept secondes pour bloquer l'air à l'intérieur de vous ;
  - sept secondes d'expiration par la bouche.
- Choisissez maintenant l'émotion que vous voulez provoquer en fonction de votre besoin.
  Exemple : confiance en vous, calme, sérénité, etc.
- Identifiez une expérience du passé qui vous a déjà provoqué cette émotion.
- Choisissez un geste qui va représenter votre récupération de ressources positives. Celui-ci doit pouvoir être reproduit discrètement en toute situation.
  Exemple : vous pincer un doigt, poser votre main sur votre épaule, manipuler un bijou, etc.
- Replongez-vous dans le souvenir plaisant que vous avez identifié en vous laissant envahir de nouveau par cette émotion.
- Une fois cette émotion en vous, faites le geste que vous avez choisi. Soyez conscient de votre geste et associez-le volontairement à votre émotion.
- Répétez votre geste trois fois en vous concentrant sur le lien créé entre l'émotion choisie et votre geste.
- À votre rythme, rouvrez les yeux.

ROUTINE 6

PROGRAMMATION ALARME

MATÉRIEL REQUIS : un téléphone ou un réveil

TEMPS NÉCESSAIRE : une minute

TECHNIQUE UTILISÉE : développement du potentiel

NIVEAU DE DIFFICULTÉ : exigeant ★★★

MON CONSEIL : à mettre en place sur minimum 33 jours

Cette routine a pour objectif de conditionner et de booster votre physique et votre psychisme afin de favoriser la réussite d'une intention ou l'atteinte d'un objectif. Une fois cette routine intégrée, vous devrez la mettre en application jusqu'à la réalisation de votre intention ou objectif.

Elle sera particulièrement utile pour travailler votre leadership et votre capacité de réflexion, et pour mettre en place des actions qui seront bénéfiques. Véritable stimulateur de réussite grâce à la répétition sonore, physique et psychique, cette programmation mettra à l'épreuve votre engagement dans le temps !

- Définir une intention ou un objectif positif.
- Réglez l'alarme de votre téléphone à 10 heures, à 13 heures, à 16 heures, à 19 heures et à 22 heures.
- Choisissez une musique d'alarme que vous aimez particulièrement. Vous pouvez télécharger une chanson si vous utilisez votre téléphone.
- À chaque alerte, prenez une minute pour penser à votre intention ou à votre objectif.

ROUTINE 7

LES POSTURES DE RÉUSSITE

MATÉRIEL REQUIS : aucun

TEMPS NÉCESSAIRE : cinq minutes

TECHNIQUE UTILISÉE : développement du potentiel

NIVEAU DE DIFFICULTÉ : facile ★☆☆

MON CONSEIL : à mettre en place sur minimum 33 jours

Cette routine a pour objectif de perfectionner les postures corporelles qui favorisent les énergies de leadership.

Une fois cette routine intégrée, elle sera particulièrement utile dans votre posture d'échange et votre capacité à diriger. Vous acquerrez une position déterminée, une approche solide des défis et serez plus sûr de vous. Il a été mis en évidence que, à force de se répéter les mêmes choses, on finit par y croire. Plus vous allez jouer un rôle, celui d'une personne avec une bonne estime d'elle-même, plus cela deviendra naturel dans votre vie quotidienne.

Aujourd'hui et tout au long de votre journée, vous mettrez en pratique cette routine afin de renforcer votre estime de soi dans la matière. Focalisez-vous sur les postures physiques suivantes :

- Tenez-vous droit.
- Relevez la tête.
- Souriez dans votre tête, puis montrez votre plus beau sourire.
- Regardez les personnes dans les yeux.
- Marchez avec assurance et d'un pas actif.

PÔLE
VITALITÉ

2

Le pôle vitalité est représenté par la couleur orange ainsi que par l'énergie numérique 2. Il s'agit de notre deuxième centre d'énergie vitale, qui, comme son nom l'indique, régule quand il est en équilibre la vitalité sur les plans physique et psychique. Il est souvent associé à la féminité, à la sexualité, au plaisir et à la naissance.

Ce centre d'énergie est chargé des zones physiques de l'appareil digestif, des intestins et du système urogénital. Vous pourrez constater qu'il s'agit là de zones physiques qui fonctionnent en association ou en collaboration avec plusieurs organes. Si vous poussez davantage votre analyse, vous noterez que les énergies qui irriguent ces zones physiques correspondent à la vibration 2 en numérologie : ce sont des énergies de réception, de rapport à l'autre, de lenteur, de douceur, de passivité et d'impulsion de la vie (les organes qui nous permettent de digérer notre alimentation, mais aussi tous nos maux émotionnels, les intestins, qui les transforment et les expulsent sous forme de matière, le système urogénital, qui nous permet de procréer et de conserver notre espèce dans la dualité).

Sur le plan psychique, un équilibre énergétique satisfaisant prédisposera à devenir une personne douce, attentionnée, à l'écoute, pleine de vie, passionnée, et le tout avec la bonne vitalité énergétique.

La plus grande difficulté relative à ce pôle sera de ne pas se déconnecter de son propre corps pour aller alimenter en énergie le corps des autres et satisfaire leurs attentes. Avant de vouloir se perdre dans l'autre par désir, plaisir, fusion ou besoin d'appartenance, commençons tout simplement par fusionner avec nous-même et soyons attentifs à nos propres désirs. Faisons union avec notre propre corps afin d'équilibrer notre pulsion de vie et d'offrir ensuite le surplus aux gens que nous aimons.

C'est parce que je m'aime inconditionnellement que je peux aimer en retour.

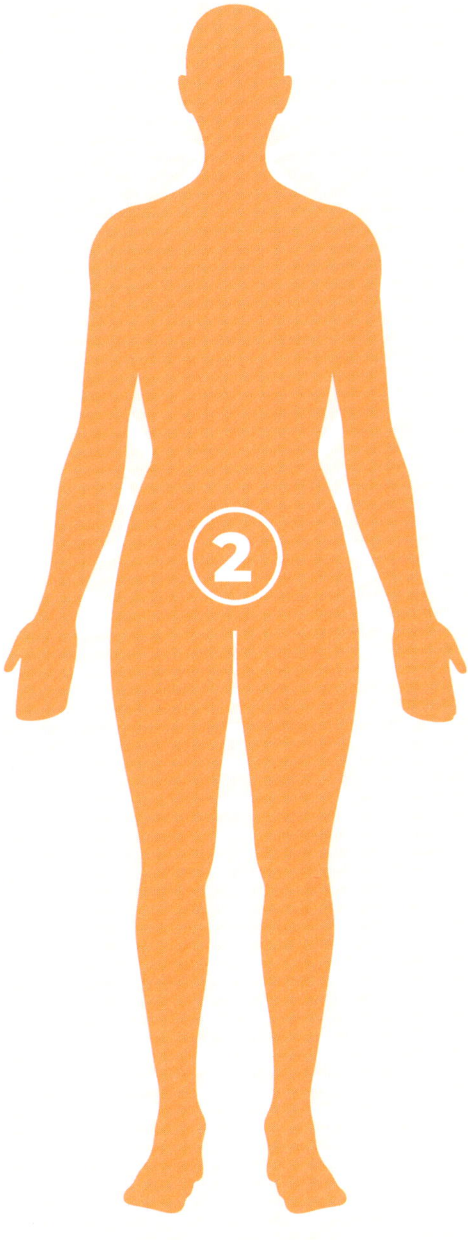
2

ROUTINE 1

RÉPÉTITION MENTALE

MATÉRIEL REQUIS : aucun

TEMPS NÉCESSAIRE : cinq minutes

TECHNIQUES UTILISÉES : développement du potentiel et visualisation

NIVEAU DE DIFFICULTÉ : moyen ★★☆

MON CONSEIL : à mettre en place sur minimum 33 jours

Cette routine a pour objectif de vous entraîner mentalement, en état de détente, à plusieurs mouvements, actions ou paroles pour les reproduire correctement et débloquer une situation.

Une fois cette routine intégrée, elle sera particulièrement utile pour toute préparation (examen, compétition, entretien professionnel, etc.). C'est une véritable technique d'accompagnement à ne pas sous-estimer ! La répétition mentale en état de détente est un outil puissant à utiliser sans modération. Cette technique de développement du potentiel est énormément utilisée chez les sportifs de haut niveau pour préparer et vivre mentalement par anticipation une compétition, ainsi que dans les grandes entreprises pour préparer des réunions importantes.

- Asseyez-vous confortablement, les pieds à plat, sans croiser les jambes.
- Fermez les yeux pour intensifier l'exercice.
- Commencez par récupérer de l'oxygène grâce à la respiration profonde :
  - sept secondes d'inspiration par le nez pour bien remplir le ventre ;
  - sept secondes pour bloquer l'air à l'intérieur de vous ;
  - sept secondes d'expiration par la bouche.
- Identifiez une situation dans laquelle vous n'êtes pas à l'aise (travail, tâche à réaliser, rencontre avec une personne qui vous intimide, blocage, mésentente, incompatibilité) et qui vous gêne dans votre quotidien.
- Dans votre espace mental, projetez-vous dans cette situation inconfortable comme si vous deviez la vivre maintenant.
- Observez autour de vous cette scène, ce qu'il s'y passe, le décor, les personnes présentes (ou non), et accueillez vos ressentis.
- Entraînez-vous en changeant votre attitude et votre communication, jusqu'à ce que vous trouviez le bon comportement à adopter pour améliorer cette situation.
- Repassez plusieurs fois cette scène dans votre espace mental jusqu'à ce qu'elle soit maîtrisée parfaitement.
- Rouvrez les yeux et intégrez que votre cerveau a anticipé votre comportement par la répétition mentale, et que vous serez beaucoup plus à l'aise dans la situation réelle quand elle se présentera.

ROUTINE 2

BALADE SENSORIELLE

MATÉRIEL REQUIS : aucun

TEMPS NÉCESSAIRE : cinq minutes

TECHNIQUES UTILISÉES : pleine conscience et visualisation

NIVEAU DE DIFFICULTÉ : facile ★☆☆

Cette routine a pour objectif de développer votre habileté à pratiquer l'imagerie mentale à l'aide de vos cinq sens.

Une fois cette routine intégrée, elle sera particulièrement utile pour vous mettre dans une posture d'écoute, de qualité dans vos échanges avec l'autre et surtout avec vous-même. Vous serez plus à même d'entendre les besoins de votre corps qui vous seront envoyés par des perceptions et des ressentis intuitifs.

- Asseyez-vous confortablement, les pieds à plat, sans croiser les jambes.
- Fermez les yeux pour intensifier l'exercice.
- Commencez par récupérer de l'oxygène grâce à la respiration profonde :
  - sept secondes d'inspiration par le nez pour bien remplir le ventre ;
  - sept secondes pour bloquer l'air à l'intérieur de vous ;
  - sept secondes d'expiration par la bouche.
- En état de détente, transportez-vous dans le lieu imaginaire de votre choix pour une balade en toute sécurité.
- Tout en marchant, vous formulez l'intention de développer vos différents sens.
- Vous pouvez prendre conscience de la position de votre corps (assis, debout), des bras, des jambes, etc.
- Portez votre attention sur votre équilibre, sur les sensations dans vos jambes, vos articulations, tout votre corps (contraction, décontraction, mouvement).
- Prenez conscience de votre champ visuel et repérez les objets et autres éléments autour de vous.
- Portez votre attention sur les différents sons et odeurs qui vous entourent, voire sur les saveurs.
- Continuez avec la ou les sensations que vous voulez.
- Observez la détente qui s'est installée en vous.

ROUTINE 3

LA DOUCHE ÉNERGÉTIQUE

MATÉRIEL REQUIS : aucun

TEMPS NÉCESSAIRE : cinq minutes

TECHNIQUES UTILISÉES : visualisation et soin énergétique

NIVEAU DE DIFFICULTÉ : facile ★ ☆ ☆

MON CONSEIL : à mettre en place sur minimum 33 jours

Cette routine a pour objectif de nettoyer votre corps émotionnel et de créer un renforcement émotionnel positif.

Une fois cette routine intégrée, elle sera particulièrement utile pour vous nettoyer puis vous recharger énergétiquement. C'est un véritable soin mental à faire quotidiennement, pour le plus grand plaisir de tout votre être en quête d'alignement psychique et de recharge d'énergie positive.

- Entrez dans votre douche et réglez la température de l'eau afin de ne plus y revenir.
- Fermez les yeux pour intensifier l'exercice.
- Commencez par récupérer de l'oxygène grâce à la respiration profonde :
  - sept secondes d'inspiration par le nez pour bien remplir le ventre ;
  - sept secondes pour bloquer l'air à l'intérieur de vous ;
  - sept secondes d'expiration par la bouche.
- Savonnez-vous en focalisant votre attention sur tous les mots et pensées désagréables qui vous viennent. Imaginez-vous en train de gommer, nettoyer, faire glisser tous vos maux.
- Rincez-vous en vous concentrant maintenant sur l'eau qui glisse le long de votre corps et qui vous débarrasse de tous les résidus négatifs.
- Une fois le savon éliminé, profitez de ce moment sous votre douche et de cette sensation de légèreté.
- Donnez une intention à cette douche énergétique : imaginez maintenant qu'elle vous remplit d'énergie positive, d'amour, de joie, de réussite (tout ce qu'il vous plaira). Plus vous sentez l'eau couler sur votre tête et sur votre corps tout entier, et plus vous êtes empli d'énergie positive (si nécessaire, recommencez un savonnage et un rinçage).
- Quand vous vous sentez suffisamment nettoyé et rechargé, vous pouvez sortir de votre douche.
- Observez les bienfaits d'un instant intime si particulier.

ROUTINE 4

LE PETIT BONHEUR DU JOUR

MATÉRIEL REQUIS : aucun

TEMPS NÉCESSAIRE : cinq minutes

TECHNIQUE UTILISÉE : visualisation

NIVEAU DE DIFFICULTÉ : facile ★☆☆

Cette routine a pour objectif de créer un « sas de décompression » en revivant avec tous vos sens (visuel, auditif, kinesthésique, olfactif et gustatif) un événement agréable de votre journée.

Une fois cette routine intégrée, elle sera particulièrement utile pour clôturer une journée et favoriser la douceur pour un meilleur endormissement. S'endormir avec un sentiment agréable favorisera un sommeil réparateur. Le sommeil a un rôle essentiel sur notre santé et par conséquent sur notre vitalité. Il booste le système immunitaire, agit sur le système nerveux et la mémoire, protège le cœur et permet de recharger les batteries. Il a donc un rôle de régulation dans notre métabolisme.

- Commencez par récupérer de l'oxygène grâce à la respiration profonde :
  - sept secondes d'inspiration par le nez pour bien remplir le ventre ;
  - sept secondes pour bloquer l'air à l'intérieur de vous ;
  - sept secondes d'expiration par la bouche.
- Replongez-vous mentalement dans un événement agréable de votre journée.
- Revivez les pensées, les attitudes, les sensations et les émotions rattachées à cet événement agréable.
- Restez au calme dans cet événement le temps que vous jugerez nécessaire.
- À votre rythme, rouvrez vos yeux.
- Vous êtes dans la posture idéale pour finir cette journée et passer une bonne nuit.

ROUTINE 5

CONNEXION AUX COULEURS DE FEU

MATÉRIEL REQUIS : aucun

TEMPS NÉCESSAIRE : cinq minutes

TECHNIQUES UTILISÉES : visualisation et soin énergétique

NIVEAU DE DIFFICULTÉ : moyen ★ ☆ ☆

Cette routine a pour objectif de développer votre capacité à être un récepteur d'énergie psychique afin de collecter et d'emmagasiner à l'intérieur de vous des énergies de feu.

Une fois cette routine intégrée, elle sera particulièrement utile pour réguler votre besoin d'appartenance, voire une tendance à la fusion dans l'autre. Il est possible que vous vous perdiez dans l'autre, que vous ne regardiez plus qu'à travers ses yeux, que vous n'existiez plus que par lui. Ce besoin de fusion vous ramène à ce que vous avez vécu dans le ventre de votre mère, ce sentiment d'unité et de plénitude. Il s'agit d'une mémoire du corps enfouie qui se réveille parfois. Ce besoin de fusion peut être canalisé et tempéré en travaillant cette routine, car votre corps ne fait pas la différence entre le réel et l'irréel.

Cette routine vous permettra également de renforcer vos rapports humains dans vos projets d'association ou d'accompagnement, et d'améliorer vos relations avec les autres sur le plan affectif.

- Asseyez-vous confortablement, les pieds à plat, sans croiser les jambes.
- Fermez les yeux pour intensifier l'exercice.
- Commencez par récupérer de l'oxygène grâce à la respiration profonde :
  - sept secondes d'inspiration par le nez pour bien remplir le ventre ;
  - sept secondes pour bloquer l'air à l'intérieur de vous ;
  - sept secondes d'expiration par la bouche.
- Dans votre espace mental, faites apparaître une boule d'énergie de la taille d'un ballon de football et, pendant une minute, observez ses couleurs et sa matière, semblables au feu.
- Connectez-vous par la pensée à cette boule de feu et ressentez la chaleur agréable qu'elle provoque à l'intérieur de vous. Elle vient vous remplir et vous recharger en bien. Elle vous offre un état de force intérieure grâce à ses couleurs rouge, orange et jaune.
- Visualisez-vous complètement enlacé par ces trois couleurs. Vous êtes dans cette boule d'énergie et cette boule d'énergie est en vous. La connexion entre vous deux est parfaite.
- Restez dans cet état de puissance trois minutes.
- Rouvrez les yeux et ressentez la force qui vit en vous et qui vous accompagnera tout au long de votre journée.

ROUTINE 6

L'INTENTION D'UNE JOURNÉE

MATÉRIEL REQUIS : aucun

TEMPS NÉCESSAIRE : cinq minutes

TECHNIQUES UTILISÉES : pleine conscience et pensée positive

NIVEAU DE DIFFICULTÉ : facile ★ ☆ ☆

Cette routine a pour objectif de développer la pensée positive afin de renforcer l'équilibre énergétique autour de ce pôle. La dualité fait partie de ce centre énergétique (jour/nuit, ombre/lumière, positif/négatif).

Une fois cette routine intégrée, elle sera particulièrement utile pour maintenir en équilibre votre hypersensibilité et votre empathie. Apparue dans les années 1950, la pensée positive permet de rester en bonne santé physique et mentale, augmente la longévité et favorise le succès dans la vie personnelle et professionnelle. Être positif augmente le sentiment de gratitude vis-à-vis de l'entourage. Les bienfaits sont multiples, on se sent mieux et on a plus confiance en l'avenir.

- Asseyez-vous confortablement, les pieds à plat, sans croiser les jambes.
- Fermez les yeux pour intensifier l'exercice.
- Commencez par récupérer de l'oxygène grâce à la respiration profonde :
  - sept secondes d'inspiration par le nez pour bien remplir le ventre ;
  - sept secondes pour bloquer l'air à l'intérieur de vous ;
  - sept secondes d'expiration par la bouche.
- Consacrez ces premières minutes de la journée à prendre soin de vous-même : dans votre espace mental, répétez trois affirmations positives de votre choix. Laissez venir vos mots, vos phrases, en fonction de ce qui se présente à vous.
  Exemples : cette journée est agréable, je suis en pleine forme, je suis agréable avec mon entourage.
  Important : prononcez vos affirmations uniquement au présent. Votre cerveau prendra ces affirmations comme une description de la réalité.
- Pour finir, définissez dans votre espace mental une intention claire pour donner le ton de votre journée. Elle peut porter sur vos valeurs, sur vos désirs ou autre.
  Exemples : je mange uniquement des aliments sains aujourd'hui, je pense positif toute la journée malgré les aléas de la vie.
- Rouvrez les yeux et commencez votre journée en vous focalisant sur votre intention.

ROUTINE 7

S'AUTOFÉLICITER

MATÉRIEL REQUIS : aucun

TEMPS NÉCESSAIRE : cinq minutes

TECHNIQUE UTILISÉE : programmation neuro-linguistique

NIVEAU DE DIFFICULTÉ : moyen ★★☆

MON CONSEIL : à mettre en place sur minimum 33 jours

Cette routine a pour objectif de renforcer votre capacité d'auto-analyse afin de travailler sur vos doutes et vos complexes si vous en avez.

Une fois cette routine intégrée, elle sera particulièrement utile dans votre posture d'échange avec l'autre, car, si vous voulez avoir des rapports de qualité, ne pas être fuyant et indécis, il faut d'abord intégrer qui vous êtes de manière positive pour vous servir de vos atouts et rebondir devant toutes les épreuves ou expériences positives ou négatives.

- Asseyez-vous confortablement, les pieds à plat, sans croiser les jambes.
- Fermez les yeux pour intensifier l'exercice.
- Commencez par récupérer de l'oxygène grâce à la respiration profonde :
  - sept secondes d'inspiration par le nez pour bien remplir le ventre ;
  - sept secondes pour bloquer l'air à l'intérieur de vous ;
  - sept secondes d'expiration par la bouche.
- Pensez à trois de vos qualités (exemple : générosité, minutie, courage).
- Répétez et prononcez trois fois vos qualités dans votre espace mental en commençant par « Je suis... » (exemple : je suis généreux, je suis minutieux, je suis courageux) en vous imprégnant de tout le bien-être que l'on peut ressentir quand on se sent valorisé.
- Choisissez maintenant une qualité que vous n'avez pas, mais que vous aimeriez installer et programmer en vous.
- Énumérez mentalement ce qu'il vous manquerait comme ressources pour posséder cette nouvelle qualité (exemple : je voudrais être plus patient, mais pour cela il me manque le lâcher-prise, le calme, la douceur.).
- Offrez-vous symboliquement une première ressource, comme un cadeau que vous vous feriez, toujours dans votre espace mental. Continuez ainsi jusqu'à ce que tous les cadeaux que vous vous êtes offerts pour intégrer votre nouvelle qualité soient en parfait accord avec votre inconscient.
- À votre rythme, laissez cette qualité infuser en vous, tout en observant les nouvelles émotions et sensations positives qui s'installent.
- Répétez mentalement vos quatre qualités : « Je suis... ».
- Rouvrez vos yeux et programmez une alarme toutes les heures (téléphone portable par exemple).
- Répétez deux cent vingt-deux fois en tout, réparties dans votre journée grâce à votre alarme.

PÔLE ÉMOTION

3

Le pôle émotion est représenté par la couleur jaune ainsi que par l'énergie numérique 3. Il s'agit de notre troisième centre d'énergie vitale, qui, comme son nom l'indique, régule quand il est en équilibre les émotions sur les plans physique et psychique. Il est souvent associé au plexus solaire. Il est le siège de la confiance en soi.

Ce centre d'énergie est chargé des zones physiques de l'estomac, du pancréas, des glandes excrétrices et du foie. Vous pourrez constater qu'il s'agit là de zones physiques avec des fonctions de régulation pour notre organisme, ce qui explique les affiliations à nos émotions. Si vous poussez l'analyse plus loin, vous noterez que les énergies qui irriguent ces zones physiques correspondent à la vibration 3 en numérologie : ce sont des énergies de créativité, de communication, d'échanges, de joie de vivre (notre estomac est considéré par beaucoup de médecins comme notre deuxième cerveau !).

Sur le plan psychique, un équilibre énergétique satisfaisant entraînera une prédisposition à devenir une personne qui s'exprime et exprime ses émotions avec facilité, qui saura s'affirmer, qui sera courageuse, enthousiaste, rusée et surtout créative.

La plus grande difficulté relative à ce pôle sera de comprendre que nos émotions ne sont que des filtres mis en place et installés par notre corps afin de canaliser le trop-plein énergétique. Le rôle primaire des émotions est de nous servir de traducteur entre le corps et l'esprit, qui ne parlent absolument pas le même langage. Les émotions sont nos meilleures amies, pas nos ennemies !

Je ne suis pas de celles qui parlent de maîtrise des émotions, car les gérer reviendrait à les contrôler, ce qui fausserait le message envoyé par notre corps. Je suis plutôt d'avis de laisser s'exprimer les émotions pour décharger les tensions et, après quelques instants, d'analyser en conscience ce que le corps essaie de dire. Parlez avec votre estomac pour comprendre ce qui se cache dans votre tête et libérer votre mental de sa prison dorée de l'ego. Prêtez attention à vos ressentis, à la façon dont vos émotions sont intervenues dans votre journée, pour comprendre quelles sont vos failles énergétiques (hypo ou hyperénergie) et vous rapprocher d'un état d'équilibre.

Les émotions, les symptômes, les rêves et les actes manqués sont les grandes manifestations du langage du corps !

3

ROUTINE 1

LE BOUCLIER PSYCHIQUE

MATÉRIEL REQUIS : aucun

TEMPS NÉCESSAIRE : cinq minutes

TECHNIQUES UTILISÉES : visualisation et soin énergétique

NIVEAU DE DIFFICULTÉ : facile ★ ☆ ☆

MON CONSEIL : à mettre en place sur minimum 33 jours

Cette routine a pour objectif d'apprendre à construire par la visualisation un espace de ressources énergétiques interne en fonction de ce dont vous avez besoin. Aussi, le bouclier psychique est particulièrement utile pour vous permettre de prendre de la distance par rapport à un événement ou à une situation qui impliquerait une réaction émotionnelle intense. Il vous suffit de déposer une intension positive sur votre bulle et de bien définir votre besoin.

Une fois cette routine intégrée, elle sera particulièrement utile pour transformer le regard que vous portez sur vous-même, qui est une source de renseignements très précieuse. Vous avez intérêt à cultiver un regard nuancé, honnête et réfléchi pour que le sens que vous donnez aux événements enrichisse votre vie ainsi que vos choix. Votre état émotionnel influe sur l'anticipation, la planification, la perception, l'attention, la concentration, la mémoire, le raisonnement et la prise de décision.

- Asseyez-vous confortablement, les pieds à plat, sans croiser les jambes.
- Fermez les yeux pour intensifier l'exercice.
- Commencez par récupérer de l'oxygène grâce à la respiration profonde :
  - sept secondes d'inspiration par le nez pour bien remplir le ventre ;
  - sept secondes pour bloquer l'air à l'intérieur de vous ;
  - sept secondes d'expiration par la bouche.
- Fermez les yeux et visualisez une bulle de protection transparente qui vous entoure, dans laquelle vous êtes en parfaite sécurité.
- Personnalisez votre bulle en lui donnant une couleur, une odeur, en y mettant des sons (musique, bruit de la mer ou de la forêt, etc.), une texture (bulle de lumière, liquide, gazeuse, solide, etc.)
- Demandez à votre inconscient de venir remplir cette bulle avec les ressources dont vous avez besoin pour votre journée (exemple : confiance en soi, calme, volonté, audace, créativité, rigueur).
- Restez dans cet état de remplissage émotionnel trois minutes jusqu'à ce que votre bulle se transforme en un bouclier étanche et indestructible.
- Définissez un code secret et donnez-le-vous pour bien mémoriser ce nouvel état interne.
- Rouvrez vos yeux et commencez vos activités en pleine forme psychique.
- Dans votre journée, quand vous le souhaitez, réactivez votre bouclier psychique en répétant votre code secret pendant quelques secondes.

À RETENIR

Le code secret comme ancrage interne est un outil très efficace. À tout moment, vous pouvez réactiver votre bouclier psychique uniquement en pensant à votre code secret pendant quelques secondes.

ROUTINE 2

CRÉER UN RENFORCEMENT D'URGENCE

MATÉRIEL REQUIS : une feuille de papier et un stylo

TEMPS NÉCESSAIRE : cinq minutes

TECHNIQUES UTILISÉES : programmation neuro-linguistique et développement du potentiel

NIVEAU DE DIFFICULTÉ : facile ★ ☆ ☆

MON CONSEIL : à mettre en place sur minimum 33 jours

Cette routine a pour objectif de se recentrer sur vous-même et de vous détacher de ce qui vous angoisse, de vos blessures, de vos comportements gênants et surtout d'informer toutes les cellules de votre corps de l'objectif ou de l'intention que vous avez déterminée.

Une fois cette routine intégrée, elle sera particulièrement utile dans un contexte où vous avez besoin de vous apaiser et de revenir au calme. Cette technique est aussi très intéressante pour les personnes qui aiment les challenges et la compétition afin de se conditionner à la réussite en utilisant des méthodes créatives de répétition.

- Asseyez-vous confortablement, les pieds à plat, sans croiser les jambes.
- Fermez les yeux pour intensifier l'exercice.
- Commencez par récupérer de l'oxygène grâce à la respiration profonde :
  - sept secondes d'inspiration par le nez pour bien remplir le ventre ;
  - sept secondes pour bloquer l'air à l'intérieur de vous ;
  - sept secondes d'expiration par la bouche.
- Notez sur votre feuille
  1. votre objectif,
  2. les éléments qui vous bloquent et vous empêchent d'atteindre votre objectif, ainsi que
  3. ce qui pourrait vous aider à surmonter ces blocages, sous la forme de mots positifs, etc.
  4. un résumé en une phrase : votre renforcement d'urgence.

  Exemple :

  1. Je désire réussir mon entretien d'embauche.
  2. Les entretiens individuels me rendent nerveuse.
  3. Calme, simplicité, décontraction, maîtrise de soi, réussite, qualité, etc.
  4. Je suis calme et décontracté, j'ai une parfaite maîtrise de moi pendant l'entretien, durant lequel je mets en avant toutes mes qualités avec simplicité.
- Répétez votre renforcement d'urgence toutes les heures en vous en imprégnant mentalement et en étant convaincu de son efficacité sur votre corps jusqu'à l'atteinte de votre intention ou objectif.

ROUTINE 3

LA TÉLÉCOMMANDE VIRTUELLE

Matériel requis : aucun

Temps nécessaire : cinq minutes

Techniques utilisées : programmation neuro-linguistique et développement du potentiel

Niveau de difficulté : moyen ★★☆

Cette routine a pour objectif de transformer et de créer psychiquement un nouvel état de ressenti émotionnel interne en utilisant la métaphore et la projection mentale.

Une fois cette routine intégrée, elle sera particulièrement utile pour favoriser dans votre journée ou votre quotidien, si vous la mettez en place sur trente-trois jours, votre expression de soi et votre esprit libre penseur. Vous développerez une grande facilité à communiquer et à vous faire des amis, des contacts, et à vous sentir à l'aise et enthousiaste en société.

- Déterminez une peur ou un blocage qui existe dans votre vie en ce moment et que vous souhaitez diminuer.
- Une fois cette peur ou ce blocage identifiés, fermez les yeux et prenez une grande et profonde respiration.
- Focalisez votre attention sur ce que cette peur ou ce blocage déclenche chez vous, sur son influence sur votre comportement.
- À votre rythme, laissez remonter toutes vos pensées et vos émotions liées à la peur ou au blocage.
- Maintenant, faites apparaître dans votre espace mental une télécommande à deux boutons :
  - un bouton rouge qui aurait la capacité de diminuer les effets toxiques et néfastes de la peur ou de la situation choisie.
  - un bouton vert de sécurité et de confort pour ajuster et maintenir le bon équilibre.
- Prenez le temps de bien observer cette télécommande et décrivez-la intérieurement.
- Touchez et attrapez cette télécommande pour ressentir son contact contre vos mains.
- Appuyez sur le bouton rouge dans votre espace mental pour diminuer les effets de la peur ou du blocage.
- Vous pouvez alterner avec le bouton vert pour choisir en conscience la bonne intensité ou la suppression totale de la peur. C'est vous qui savez quand vous arrêter !
- Focalisez-vous sur votre nouvelle charge émotionnelle et votre ressenti positif face à votre peur ou votre blocage et intégrez en vous ce nouvel état positif face à votre situation.
- Rouvrez les yeux et commencez votre journée en ne pensant plus à votre peur ou à votre blocage.

ROUTINE 4

LES LIGNES IMAGINAIRES

MATÉRIEL REQUIS : aucun

TEMPS NÉCESSAIRE : cinq minutes

TECHNIQUES UTILISÉES : mouvements oculaires et développement du potentiel

NIVEAU DE DIFFICULTÉ : moyen ★★☆

Cette routine a pour objectif de provoquer un reset émotionnel de votre état interne. Elle va vous permettre de prendre en charge de manière très efficace, rapide, et en toute autonomie vos débordements émotionnels.

Une fois cette routine intégrée, elle sera particulièrement utile pour gérer votre stress et retrouver votre lucidité dans des moments ou périodes difficiles.

À RETENIR

Après cette séance, vos émotions seront fortement atténuées. N'hésitez pas à utiliser cette routine en pensant à d'autres situations douloureuses déjà vécues ou même à celles que vous serez amené à vivre dans un futur proche. Cette technique peut se pratiquer à n'importe quel moment de votre journée et autant de fois que nécessaire jusqu'à l'apaisement de votre état interne.

- Asseyez-vous confortablement devant un mur ou un objet, les pieds à plat, sans croiser les jambes.
- Fixez un point du mur ou de l'objet pendant dix secondes.
- Maintenant, sans bouger votre tête et pendant une minute, dessinez de gauche à droite et de droite à gauche des lignes imaginaires qui quadrillent le mur ou l'objet dans votre espace mental.
- Pensez en même temps à une situation qui génère des débordements émotionnels ou des émotions douloureuses en vous.
- Pendant encore une minute, continuez de dessiner mentalement ces lignes imaginaires, toujours de gauche à droite et de droite à gauche, sans bouger votre tête. Restez concentré sur la situation émotionnelle douloureuse.
- Maintenant, faites le point en toute objectivité sur votre nouvel état interne. Vous devriez constater une diminution de la charge émotionnelle négative.
- Recommencez l'exercice si vous en sentez encore le besoin, jusqu'à diminution, voire disparition complète, du ressenti de la charge émotionnelle négative.

ROUTINE 5

LA CONFIANCE VISUELLE

MATÉRIEL REQUIS : aucun

TEMPS NÉCESSAIRE : journée

TECHNIQUES UTILISÉES : programmation neuro-linguistique et développement du potentiel

NIVEAU DE DIFFICULTÉ : facile ★☆☆

MON CONSEIL : à mettre en place sur minimum 33 jours

Cette routine a pour objectif de renforcer votre confiance en vous et de la travailler tout au long de votre journée.

Une fois cette routine intégrée, elle sera particulièrement utile pour travailler votre posture et votre charisme. Trois éléments sont à prendre en compte dans l'impact de votre communication : le langage corporel, la voix et les mots utilisés. Contrairement à ce que l'on pourrait penser, le plus important dans la communication n'est pas ce que l'on dit, mais la manière dont on le dit.

Pensez donc à tout ce que vous exprimez sans même vous en rendre compte, et que votre interlocuteur perçoit de manière consciente ou inconsciente. Cette routine vous aidera à exprimer la même chose verbalement et non verbalement.

- Fermez les yeux et visualisez un miroir devant vous.
- Votre reflet dans ce miroir a une posture de gagnant, est souriant, a l'air confiant et à l'aise.
- Ressentez dans votre corps ce que provoque cette visualisation et laissez venir à vous tous les ressentis d'une telle confiance en vous.
- Devant ce miroir, exprimez l'intention de regarder dans les yeux toutes les personnes avec qui vous échangerez et communiquerez dans votre journée, afin de renforcer votre posture et votre confiance lors de vos échanges verbaux.
- Rouvrez vos yeux et commencez votre journée en fixant du regard toutes les personnes avec qui vous entrerez en interaction.

ROUTINE 6

LA MONTAGNE ÉMOTIONNELLE

MATÉRIEL REQUIS : aucun

TEMPS NÉCESSAIRE : cinq minutes

TECHNIQUES UTILISÉES : visualisation et soin énergétique

NIVEAU DE DIFFICULTÉ : moyen ★★☆

Cette routine a pour objectif de définir ce qu'est la confiance en soi pour vous et d'aller la diffuser énergétiquement dans tout votre espace physique et psychique.

Une fois cette routine intégrée, elle sera particulièrement utile pour maintenir à un juste équilibre votre confiance en vous, qui est une ressource indispensable pour chaque individu. Elle impulsera l'accomplissement et l'aboutissement. Chacun d'entre nous est unique avec ses croyances, ses capacités, ses valeurs, ses faiblesses, ses aspirations, sa façon d'être, et d'appréhender le monde. L'interprétation des messages reçus passe par un ensemble de filtres qui constituent une grille de décodage. Cette grille a été formée au fil des années par notre éducation nos expériences, nos valeurs, nos buts.

- Asseyez-vous confortablement, les pieds à plat, sans croiser les jambes.
- Fermez les yeux pour intensifier l'exercice.
- Commencez par récupérer de l'oxygène grâce à la respiration profonde :
  - sept secondes d'inspiration par le nez pour bien remplir le ventre ;
  - sept secondes pour bloquer l'air à l'intérieur de vous ;
  - sept secondes d'expiration par la bouche.
- Définissez dans votre espace mental quels sont les éléments qui caractérisent pour vous la confiance en soi (la persévérance, l'initiative, la prise de risque, etc.)
- Réfléchissez à l'endroit où se situe votre énergie dans votre corps et donnez-lui une couleur pour la personnaliser. Laissez surgir sans jugement ce qui vous vient au niveau mental (exemple : mon énergie se situe au niveau de mes genoux et sa couleur est bleue).
- Pour finir, visualisez que vous attrapez votre énergie colorée et que vous l'avalez afin qu'elle se diffuse dans tout votre corps et dans toutes vos cellules.
- Quelles sont maintenant vos nouvelles pensées ? Accueillez la pleine confiance !
- Focalisez-vous sur vos sens en faisant le tour de vos nouveaux ressentis de bien-être.
- Rouvrez vos yeux à votre rythme et commencez ou continuez votre journée en pensant à cette nouvelle énergie de confiance qui vous anime.

ROUTINE 7

FIXATION MENTALE

MATÉRIEL REQUIS : aucun

TEMPS NÉCESSAIRE : libre, à volonté

TECHNIQUES UTILISÉES : mouvements oculaires alternatifs, visualisation et numérologie

NIVEAU DE DIFFICULTÉ : facile ★☆☆

MON CONSEIL : à mettre en place sur minimum 33 jours

Cette routine a pour objectif de rééquilibrer vos émotions négatives, de gagner en légitimité et de favoriser les énergies liées à l'ambition, à la force, à la puissance et au courage.

Une fois cette routine intégrée, elle sera particulièrement utile, car vous pourrez la mettre en pratique chaque fois que vous vous sentirez en colère, violent, agressif, rancunier ou dur.

À RETENIR

Cette routine vous invite à dessiner le nombre 8, car, en numérologie, le symbole de l'infini en horizontal est souvent utilisé pour travailler les émotions. Cet exercice de stimulation oculaire est une technique puissante et facile à mettre en place, peu importe où vous vous trouvez dans votre journée.

- Asseyez-vous confortablement, les pieds à plat, sans croiser les jambes.
- Commencez par récupérer de l'oxygène grâce à la respiration profonde :
  - sept secondes d'inspiration par le nez pour bien remplir le ventre ;
  - sept secondes pour bloquer l'air à l'intérieur de vous ;
  - sept secondes d'expiration par la bouche.
- Gardez vos yeux ouverts et pensez à un moment de votre vie où vous avez ressenti de l'injustice.
- Laissez venir à vous toutes les émotions négatives de cette situation.
- Afin de diminuer, voire de faire disparaître ce sentiment d'injustice en vous, dessinez un 8 horizontal avec les yeux en fixant le mur en face de vous. Partez du centre, allez vers la gauche puis remontez en haut à gauche, revenez au centre, descendez puis remontez à droite, revenez au centre par en bas à gauche et remontez enfin à gauche avant de revenir au centre.

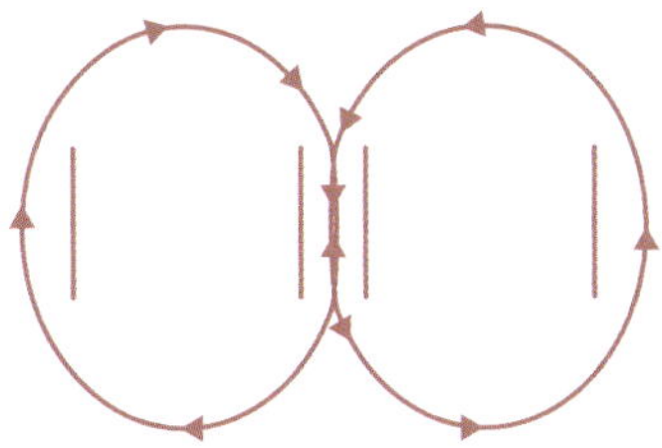

- Faites l'exercice dix fois lentement.
- Dessinez maintenant le 8 en position verticale : faites le tour du 8 de la même façon que précédemment.
- Faites l'exercice dix fois lentement.
- Repensez à votre sentiment d'injustice face à la situation vécue. S'il n'a pas diminué ou pas assez selon vous, recommencez l'exercice jusqu'à amélioration.
- Soyez déterminé à vous débarrasser de ce sentiment et persistez dans cet exercice qui fonctionne très bien grâce aux mouvements oculaires.

PÔLE ÉMOTION

PÔLE
AMOUR DE SOI

4

Le pôle estime de soi est représenté par la couleur verte ainsi que par l'énergie numérique 4. Il s'agit de notre quatrième centre d'énergie vitale, qui, comme son nom l'indique, représente notre estime de soi sur les plans physique et psychique. Il est souvent associé aux blessures du cœur et à la guérison.

Je n'utilise jamais le mot guérison dans ma pratique, car il s'agirait de faire une promesse que bien souvent nous ne pouvons tenir. Le corps choisit de guérir ou non. Lui seul possède ce privilège. Et, quand il ne guérit pas, c'est que rien ni personne ne pouvait le faire à sa place. La maladie est un mécanisme de défense installé dans le corps pour maintenir un état d'équilibre physique et psychique. Je comprends qu'il est difficile d'entendre ce message. Comment pouvons-nous penser que le corps nous met en équilibre en nous imposant de la souffrance ? Comprenez que votre corps n'a pas de sentiments, c'est votre véhicule terrestre. Si le psychisme est défaillant, il risque de provoquer une panne de votre véhicule. Par conséquent, le corps physique provoquera tout un tas de symptômes et de maux en guise de voyants afin d'éviter l'arrêt complet du véhicule ou l'effondrement de votre machine mentale. Une douleur est donc un avertissement !

Ce centre d'énergie est responsable du système cardiovasculaire, de la circulation du sang, des poumons, de la thyroïde et des glandes mammaires. Vous pourrez constater qu'il s'agit de zones physiques indispensables à la régulation du corps en lien avec l'énergie vitale (moteur de la voiture). Il est intéressant de travailler les mémoires traumatiques de nos cellules avec ce centre énergétique, schématisé par la circulation du sang, et dont je vous dirai davantage dans mon second ouvrage, qui sera consacré à la programmation neuro-numérique.

Le pôle estime de soi représente la sécurité, la construction, l'organisation, la rigueur, la méthode et le courage.

Sur le plan psychique, un équilibre énergétique satisfaisant entraînera une prédisposition à devenir une personne fiable, courageuse, responsable, sécurisante, organisée, qui fera preuve d'empathie et aimera son prochain avec facilité.

La plus grande difficulté relative à ce pôle sera de commencer un véritable travail introspectif. Il vous faudra de la rigueur et du courage pour revisiter le grenier de votre passé et en dépoussiérer les moindres recoins, dans le but de transformer la mémoire inconsciente de vos cellules et de renforcer votre estime de soi. C'est ainsi que vous pourrez enfin toucher du bout des doigts l'amour inconditionnel.

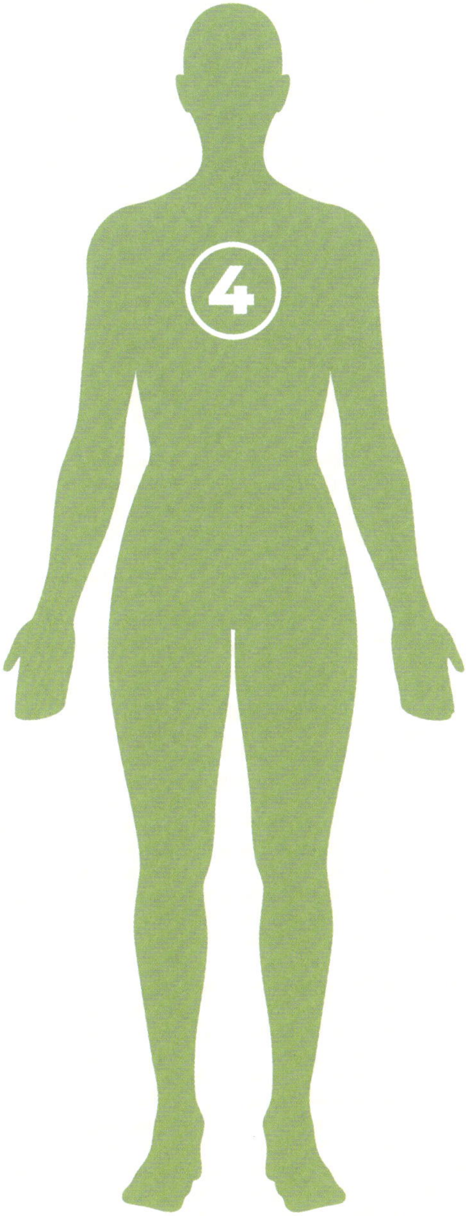
4

ROUTINE 1

RECYCLER SES PENSÉES

MATÉRIEL REQUIS : un minuteur

TEMPS NÉCESSAIRE : cinq minutes

TECHNIQUES UTILISÉES : programmation neuro-linguistique et pleine conscience

NIVEAU DE DIFFICULTÉ : facile ★☆☆

MON CONSEIL : à mettre en place sur minimum 33 jours

Cette routine a pour objectif d'apaiser le mental en recyclant des pensées et des perceptions négatives en une version plus positive qui vous aidera sur les plans mental, émotionnel et comportemental. En PNL, c'est l'ensemble de nos filtres personnels qui constituent notre réalité : système de croyances et de valeurs, expériences personnelles et professionnelles, état physique et mental du moment.

Une fois cette routine intégrée, elle sera particulièrement utile en période de surchauffe mentale. Quand les pensées négatives tournent en boucle dans votre esprit comme dans un juke-box, il est temps de mettre la radio mentale sur off. En reconnaissant ce besoin de prendre une pause pour vous plaindre, vous vous faites un cadeau, vous vous autorisez à prendre la place dont votre corps psychique et physique a besoin pour se décharger. Vous pourrez ensuite recycler vos pensées et reprendre le contrôle de votre mental.

- Réglez une alarme sur cinq minutes.
- Asseyez-vous confortablement, les pieds à plat, sans croiser les jambes.
- Fermez les yeux pour intensifier l'exercice.
- Commencez par récupérer de l'oxygène grâce à la respiration profonde :
  - sept secondes d'inspiration par le nez pour bien remplir le ventre ;
  - sept secondes pour bloquer l'air à l'intérieur de vous ;
  - sept secondes d'expiration par la bouche.
- Dans votre espace mental, projetez-vous devant une poubelle verte de recyclage. Prenez le temps de bien observer cette poubelle verte sous toutes ses formes.
- Ensuite, dans votre tête ou à voix haute, autorisez-vous à vous plaindre, à dire tous les mots et tous les ressentis négatifs que vous avez sur le cœur. Tout peut être entendu, vous devez exprimer toutes les émotions négatives qui vous viennent en leur donnant un ou des mots. Un véritable dialogue interne se passe maintenant dans cet espace.
- À chaque mot que vous prononcez ou pensez, vous vous apercevez que la poubelle verte se remplit de toutes vos pensées négatives. Plus la poubelle verte se remplit, plus vos pensées se régénèrent en positivité.
- Continuez de remplir la poubelle jusqu'à ce que le minuteur retentisse. Le temps de se plaindre est alors écoulé, la fonction « victime » désactivée.
- Remerciez votre corps pour cette expérience.
- Rouvrez vos yeux et commencez ou recommencez vos activités sur une dynamique uniquement positive.

ROUTINE 2

LE CORDON

MATÉRIEL REQUIS : un cordon, un ruban ou autre chose de la même famille et un ciseau

TEMPS NÉCESSAIRE : cinq minutes

TECHNIQUE UTILISÉE : soin énergétique

NIVEAU DE DIFFICULTÉ : moyen ★★☆

MON CONSEIL : à mettre en place sur minimum 33 jours

Cette routine a pour objectif de travailler sur les liens d'attachement en agissant sur votre subconscient pour gagner en liberté, apaisement et amour. Cette routine vous libérera, à votre rythme, des liens toxiques et des liens énergétiques négatifs avec une personne ou une situation.

Une fois cette routine intégrée, elle sera particulièrement utile pour renforcer votre besoin de sécurité intérieure.

- Asseyez-vous confortablement, les pieds à plat, sans croiser les jambes.
- Fermez les yeux pour intensifier l'exercice.
- Commencez par récupérer de l'oxygène grâce à la respiration profonde :
  - sept secondes d'inspiration par le nez pour bien remplir le ventre ;
  - sept secondes pour bloquer l'air à l'intérieur de vous ;
  - sept secondes d'expiration par la bouche.
- Pensez à la situation, à la relation ou à la personne dont vous aimeriez vous libérer émotionnellement.
- Prenez le temps de bien écouter votre corps, vos ressentis, vos pensées sans vous focaliser sur une attention particulière.
- Choisissez parmi tous vos ressentis l'émotion prioritaire dont vous désirez vous débarrasser immédiatement.
- Rouvrez vos yeux, prenez le cordon et coupez-en un bout en symbole de cette libération.
- Tous les jours, recommencez cette routine jusqu'à la libération complète.

À RETENIR

Si vous pratiquez cette routine avec une personne physique ou morale, il ne faut pas confondre l'amour et l'attachement. L'amour est un don de soi désintéressé et détaché qui consiste à partager réciproquement ses sentiments sans vouloir contrôler l'autre et sans vouloir le changer. L'attachement est un lien toxique qui entrave la relation et qui correspond à une volonté de contrôler autrui, d'imposer à l'autre nos exigences plutôt que de lui exprimer nos besoins. L'attachement génère des émotions désagréables telles que la tristesse, la colère, l'envie, la haine, qui inscrivent dans le corps physique une souffrance consciente ou inconsciente.

ROUTINE 3

LES MOTS MÊLÉS

MATÉRIEL REQUIS : une feuille blanche, un stylo et une minuterie

TEMPS NÉCESSAIRE : cinq minutes

TECHNIQUE UTILISÉE : pleine conscience

NIVEAU DE DIFFICULTÉ : moyen ★★☆

Cette routine a pour objectif de vous vider la tête et de laisser s'exprimer vos pensées à travers des mots inconscients.

Une fois cette routine intégrée, elle sera particulièrement utile pour vous apprendre à vous servir de votre langage intuitif afin de trouver des pistes de réflexion. Cette routine développera votre capacité d'analyse et vous apportera une nouvelle méthode de travail dans la résolution de vos problèmes.

- Réglez une alarme sur cinq minutes.
- Asseyez-vous confortablement, les pieds à plat, sans croiser les jambes.
- Fermez les yeux pour intensifier l'exercice.
- Commencez par récupérer de l'oxygène grâce à la respiration profonde :
  - sept secondes d'inspiration par le nez pour bien remplir le ventre ;
  - sept secondes pour bloquer l'air à l'intérieur de vous ;
  - sept secondes d'expiration par la bouche.
- Rouvrez les yeux.
  Sur une feuille blanche, écrivez tous les mots qui vous passent par la tête. Ne réfléchissez pas, laissez-vous aller, rien n'est interdit. Le simple fait de mettre tous ces mots sur papier vous fera du bien.
- Pour finir, faites un autobilan à haute voix de ce que vous avez écrit. Essayez de tisser des liens entre vos mots écrits et votre quotidien.
- Attribuez à votre travail un mantra (mot ou phrase positive) qui résume votre réflexion.

ROUTINE 4

LE NUAGE MAGIQUE

MATÉRIEL REQUIS : aucun

TEMPS NÉCESSAIRE : cinq minutes

TECHNIQUE UTILISÉE : visualisation

NIVEAU DE DIFFICULTÉ : facile ★☆☆

Cette routine a pour objectif de transformer en quelques instants une pensée ou une situation désagréable en pensée ou en expérience plus convenable. Ne prenez pas vos pensées ou expériences comme des vérités absolues, car elles sont très influencées par les sentiments qui vous envahissent à ce moment-là.

Une fois cette routine intégrée, elle sera particulièrement utile pour transformer vos émotions négatives en énergie neutre dans les mauvais jours ou les moments difficiles. Elle favorisera un détachement de la situation qui vous donnera la prise de recul nécessaire pour la dépasser et diminuera considérablement votre charge émotionnelle ressentie.

- Asseyez-vous confortablement, les pieds à plat, sans croiser les jambes.
- Fermez les yeux pour intensifier l'exercice.
- Commencez par récupérer de l'oxygène grâce à la respiration profonde :
  - sept secondes d'inspiration par le nez pour bien remplir le ventre ;
  - sept secondes pour bloquer l'air à l'intérieur de vous ;
  - sept secondes d'expiration par la bouche.
- Imaginez un grand nuage blanc au-dessus de votre tête.
- Projetez dans le nuage une pensée ou une situation désagréable que vous vivez dans le nuage et observez sous quelle forme hideuse cette pensée ou cette situation est représentée.
- Imaginez que cette pensée ou cette situation désagréable se transforme en une image belle et agréable.
- Aspirez à l'intérieur de vous cette belle image pour la faire pénétrer en vous.
- Laissez le nuage s'en aller.
- Rouvrez les yeux et constatez le pouvoir de la visualisation pour contourner vos émotions négatives en un minimum de temps.

ROUTINE 5

JE M'ALLÈGE

MATÉRIEL REQUIS : éventuellement, une feuille de papier et un stylo

TEMPS NÉCESSAIRE : cinq minutes

TECHNIQUE UTILISÉE : développement du potentiel

NIVEAU DE DIFFICULTÉ : moyen ★★☆

MON CONSEIL : à mettre en place sur minimum 33 jours

Cette routine a pour objectif de vous dégager plus de temps, en déléguant des tâches importantes de votre quotidien. Se penser irremplaçable, c'est l'assurance d'avoir une charge de travail importante et le stress qui l'accompagne. C'est aussi simple que ça !

Une fois cette routine intégrée, elle sera particulièrement utile pour vous sentir plus libre. L'un des principaux avantages de déléguer vos tâches importantes est que vous aurez moins de choses à faire donc plus de temps libre à utiliser pour vos propres besoins et envies. Aussi, déléguer des tâches favorise l'efficacité et le développement des compétences dans votre entourage, ce qui renforcera les capacités de chacun et la confiance en soi collective. Cette nouvelle posture vous permettra de réduire votre niveau de stress. Alors, faites confiance à la liste que vous avez établie et prenez du bon temps. Votre corps le mérite !

- Asseyez-vous confortablement, les pieds à plat, sans croiser les jambes.
- Pensez à toutes les choses que vous devez faire aujourd'hui en étant calme et détendu, puis faites votre liste mentale ou écrite par ordre de priorité.
- Choisissez maintenant une tâche importante parmi votre liste de la journée que vous déléguerez (sans vous en mêler) à quelqu'un de votre entourage : famille, ami, collègue.
- Maintenant que vous vous êtes dégagé un petit temps de liberté dans votre journée, profitez de cet instant rien que pour vous et faites quelque chose qui vous plaît.

Si vous voulez intensifier votre routine et déléguer d'autres tâches de votre liste, c'est la journée idéale pour le faire !

ROUTINE 6

RÉCUPÉRATION D'ÉNERGIE VITALE

MATÉRIEL REQUIS : aucun

TEMPS NÉCESSAIRE : cinq minutes

TECHNIQUE UTILISÉE : soin énergétique

NIVEAU DE DIFFICULTÉ : facile ★ ☆ ☆

MON CONSEIL : à mettre en place sur minimum 33 jours

Cette routine a pour objectif de récupérer votre énergie vitale égarée ou volée et d'en faire le plein. Nous sommes tous faits d'énergie et nous en perdons dans nos échanges verbaux et physiques. Or votre corps est votre véhicule terrestre : s'il use trop rapidement son carburant, il aura besoin d'un contrôle technique pour retrouver toute sa vigueur. Vous devez donc prendre conscience de l'importance d'économiser et de préserver au maximum votre énergie vitale.

Une fois cette routine intégrée, elle sera particulièrement utile pour vous constituer une énergie vitale de sécurité en toute autonomie et impulser un apaisement émotionnel en lien avec vos conflits ou blessures. Elle vous permettra en effet de vous séparer du surplus émotionnel stocké dans le centre énergétique en lien avec l'estime de soi. Récupérer ce qui est à vous renforcera votre équilibre psychique.

- Asseyez-vous confortablement, les pieds à plat, sans croiser les jambes.
- Fermez les yeux pour intensifier l'exercice.
- Focalisez-vous sur un ou plusieurs événements passés conflictuels en lien avec des personnes ou des situations.
- Tournez votre tête sur votre côté gauche.
- Focalisez-vous sur votre intention de récupérer toutes les énergies égarées ou volées dans ces conflits ou ces situations difficiles en vous remémorant les scènes.
- Ensuite, récupérez de l'oxygène grâce à la respiration profonde : inspirez sept secondes par le nez en visualisant que vous aspirez votre énergie volée ou perdue lors de ces conflits.
- Replacez votre tête dans l'alignement de votre corps tout en bloquant l'air à l'intérieur de vous sept secondes.
- Soufflez par la bouche devant vous, pendant sept secondes, toute cette énergie récupérée.
- Recommencez autant de fois que nécessaire jusqu'à ce que vous sentiez que vous avez récupéré l'intégralité de votre énergie.
- Rouvrez les yeux.
- Buvez un grand verre d'eau en pleine conscience et commencez votre journée.

À RETENIR

Les soins énergétiques permettent d'améliorer votre santé générale grâce à la transmission de bonnes énergies qui rétablissent l'équilibre entre le corps physique et psychique. Ils permettent également de transformer l'énergie, ce qui est particulièrement utile pour recharger les batteries quand on est plus faible, en hiver notamment.

ROUTINE 7

RESTITUTION D'ÉNERGIE VITALE

MATÉRIEL REQUIS : aucun

TEMPS NÉCESSAIRE : cinq minutes

TECHNIQUES UTILISÉES : soin énergétique, visualisation et pleine conscience

NIVEAU DE DIFFICULTÉ : facile ★☆☆

MON CONSEIL : à mettre en place sur minimum 33 jours, et, pour les plus assidus d'entre vous, tous les jours de votre vie

Cette routine a pour objectif de rendre l'énergie que vous avez emmagasinée inconsciemment et qui ne vous appartient absolument pas. Lorsque vous ne faites pas le plein d'énergie de façon équilibrée, ou lors de vos échanges avec le monde extérieur, vous volez inconsciemment de l'énergie aux autres afin de garantir la stabilité de votre propre source d'énergie.

Une fois cette routine intégrée, elle sera particulièrement utile pour vous apprendre à préserver votre propre énergie et celle des autres. Pour maintenir votre énergie à un niveau élevé, vous devez suivre le rythme voulu par votre psychisme et votre corps et ne pas exiger ce que vous ne pouvez donner. Vous avez la capacité de garder votre calme sous la pression grâce à un ensemble de compétences telles que la patience, la persévérance et, bien sûr, l'intellect.

- Asseyez-vous confortablement, les pieds à plat, sans croiser les jambes.
- Fermez les yeux pour intensifier l'exercice.
- Dans votre espace mental, visualisez un ou plusieurs événements passés conflictuels auxquels vous avez assisté sans le vouloir (disputes, règlements de comptes, etc.).
- Tournez votre tête sur votre côté gauche.
- Focalisez-vous sur votre intention de restituer toutes les énergies perdues ou volées aux victimes dans ces conflits et situations difficiles en visualisant les scènes.
- Ensuite, récupérez de l'oxygène grâce à la respiration profonde : inspirez sept secondes par le nez en visualisant que vous aspirez l'énergie volée ou perdue lors de ces conflits.
- Replacez votre tête dans l'alignement de votre corps tout en bloquant l'air à l'intérieur de vous sept secondes.
- Soufflez par la bouche devant vous, pendant sept secondes, toute cette énergie restituée.
- Recommencez autant de fois que nécessaire jusqu'à ce que vous sentiez que vous avez restitué l'intégralité de cette énergie.
- Rouvrez les yeux.
- Buvez un grand verre d'eau en pleine conscience et commencez votre journée.

À RETENIR

Nous sommes tous dans une lutte énergétique incessante qui explique bien des conflits, situations et comportements dans notre société. Évitez les personnes toxiques qui vous utilisent pour se débarrasser de leurs problèmes, de leurs aversions, de leurs peurs et de leurs frustrations, même si elles ne le font pas exprès !

PÔLE COMMUNICATION

5

Le pôle communication est représenté par la couleur bleu turquoise ainsi que par l'énergie numérique 5. Il s'agit de notre cinquième centre d'énergie vitale, qui, comme son nom l'indique, régule notre communication. En méditation, il est souvent associé à la libération émotionnelle et travaillé par la voix, le chant ou les sons. Les bols chantants ou certains sons binauraux favorisent l'équilibrage de ce centre énergétique.

Ce centre d'énergie est chargé des zones physiques de la gorge, du cou, de l'œsophage, du cœur, des poumons et de la moelle épinière. Vous pourrez constater que nous retrouvons dans ce centre énergétique le cœur et les poumons déjà régis par le pôle estime de soi, ce qui indique une collaboration et une symbiose entre ces deux pôles. L'un impulse l'autre.

Beaucoup de recherches sont aujourd'hui en cours par rapport aux différentes voix et aux sons qui sortent de notre bouche. En fonction de notre énergie, notre voix ira vers les aigus ou sera plus grave. Il n'est pas rare qu'elle se transforme légèrement après un traumatisme ou un accident. Il en sera de même après une récupération d'énergie ! En travaillant le pôle estime de soi et en intégrant une meilleure version de soi en équilibre, vous modifierez aussi votre façon de communiquer et de faire usage de votre langage.

Si vous poussez l'analyse plus loin, vous noterez que les énergies qui irriguent ces zones physiques correspondent à la vibration 5 en numérologie : ce sont des énergies de mouvement, de liberté d'expression, de prise de risque, d'audace et de fluidité (l'œsophage permet de faire glisser nos aliments par exemple). Si l'énergie ne circule pas librement, vous connaîtrez peut-être des torticolis, de la dysphagie, des artères bouchées, de l'asthme, etc.

Sur le plan psychique, un équilibre énergétique satisfaisant impulsera une prédisposition à devenir une personne audacieuse, qui sait s'adapter à différents environnements, inspirante, inventive, sociable, en mouvement, conquérante et libre.

La plus grande difficulté relative à ce pôle sera d'être en écoute permanente des messages envoyés par votre corps en vous accordant des prises de parole ou des périodes de repli, des comportements passifs ou impulsifs... Plus vous apprendrez à décrypter le langage de votre corps, plus vous serez en équilibre et plus vous serez aligné, ce qui entraînera un état harmonieux de tout votre être sur les deux plans, physique et psychique.

À RETENIR

Il est important de comprendre que, pour maintenir en équilibre le pôle communication, il vous faudra être en équilibre sur les quatre premiers centres énergétiques. On parlera alors d'alignement des centres d'énergie vitaux de l'être humain.

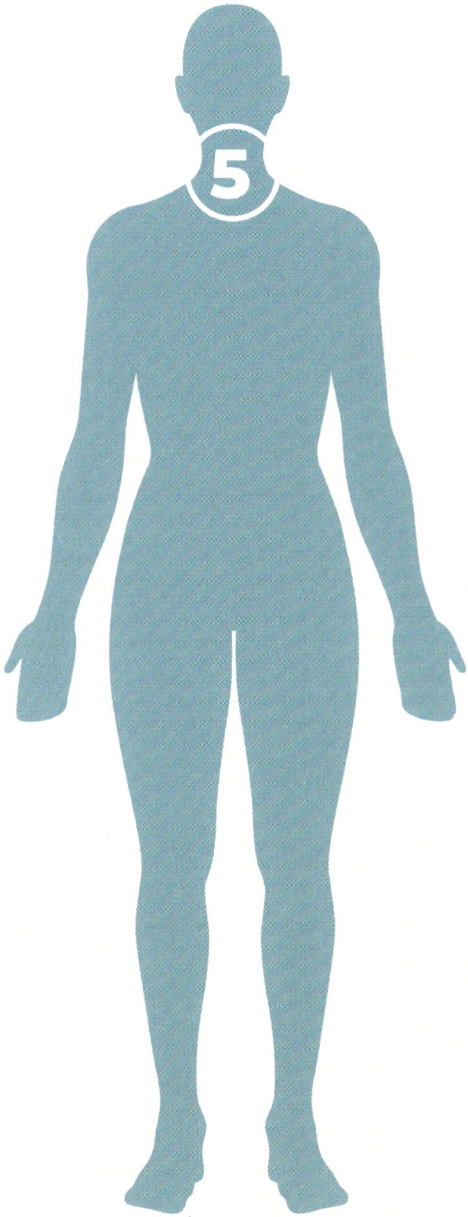
5

ROUTINE 1

UN BONJOUR SUFFIT

MATÉRIEL REQUIS : aucun

TEMPS NÉCESSAIRE : action à faire sur la journée entière

TECHNIQUES UTILISÉES : pleine conscience, programmation neuro-linguistique et développement du potentiel

NIVEAU DE DIFFICULTÉ : facile ★☆☆

MON CONSEIL : à mettre en place sur minimum 33 jours

Cette routine a pour objectif de vous faire dire bonjour à chaque personne que vous croiserez dans votre journée. Une attention souriante et positive vous transmettra une bonne énergie et le retour que vous recevrez ne pourra que vous offrir du plaisir.

Une fois cette routine intégrée, elle sera particulièrement utile pour égayer en toute simplicité vos journées. Il est des petites choses qui, parfois, changent la vie, et savoir dire bonjour en fait partie. Dire bonjour quotidiennement vous permettra surtout de renforcer votre posture (estime de soi et confiance en soi), d'améliorer votre prise de parole (anticipation). Dire bonjour est primordial au niveau du maintien de l'équilibre de votre énergie, car il s'agit de l'expression qui permet de vous annoncer et de vous présenter (prendre sa place dans l'environnement). Ainsi cette expression jouera le rôle d'introduction avant un dialogue et, de ce fait, favorisera vos échanges avec les personnes.

- Obligez-vous à dire bonjour à toutes les personnes qui croiseront votre chemin durant la journée. Toutes sans exception ! En aucune circonstance vous ne devez arrêter votre routine.
- Le soir, au coucher, accordez-vous cinq minutes de réflexion et fermez les yeux.
- Laissez venir à vous toutes les pensées qui arrivent sans aucune résistance.
- Une fois le calme mental installé, posez vos mains sur votre ventre et pratiquez la respiration profonde :
  - sept secondes d'inspiration par le nez pour bien remplir le ventre ;
  - sept secondes pour bloquer l'air à l'intérieur de vous ;
  - sept secondes d'expiration par la bouche.
- Remémorez-vous les personnes à qui vous avez dit bonjour aujourd'hui, celles qui ont répondu à votre bonjour, engagé la conversation, vous ont souri.
- Repensez à votre posture, à votre gestuelle, à votre voix, à votre sourire face à toutes ces personnes qui ont croisé votre chemin.
- Dressez un bilan de votre posture et de votre aisance (ou non) face à cette routine.
- Prenez conscience qu'il suffit parfois d'un simple bonjour pour rentrer en contact avec les autres.
- Demandez à votre inconscient de continuer à agir de la sorte et de généraliser cette expérience dans votre quotidien.
- Laissez vos yeux fermés et commencez votre nuit...

ROUTINE 2

JUSTE UN MERCI

Matériel requis : téléphone portable, ordinateur, ou papier et stylo

Temps nécessaire : cinq minutes

Techniques utilisées : programmation neuro-linguistique, loi de l'attraction universelle

Niveau de difficulté : facile ★☆☆

Mon conseil : à mettre en place sur minimum 33 jours

Cette routine a pour objectif de prendre le temps de remercier une personne. Dire merci donne un sens à votre passé, apporte de la sérénité à votre présent et crée une vision positive du futur. Plus vous serez reconnaissant, plus vous serez conscient de toutes les merveilles que cette journée peut vous offrir.

Une fois cette routine intégrée, elle sera particulièrement utile pour développer une valeur essentielle : la gratitude. Envers soi-même comme envers les autres, cette forme de reconnaissance est source de bien-être. Et si vous recommenciez à vraiment dire merci ? À coup sûr, vous recevrez une réponse identique en retour dans les minutes, les heures ou les jours qui suivent, et celle-ci vous remplira d'amour.

- Asseyez-vous confortablement et munissez-vous de votre téléphone portable, de votre ordinateur, ou d'un stylo et de papier si vous n'avez pas d'appareil électronique. Déposez-les devant vous.
- Fermez les yeux si vous le souhaitez.
- Commencez par récupérer de l'oxygène grâce à la respiration profonde :
  - sept secondes d'inspiration par le nez pour bien remplir le ventre ;
  - sept secondes pour bloquer l'air à l'intérieur de vous ;
  - sept secondes d'expiration par la bouche.
- Maintenant, pensez à quelqu'un que vous aimez ou que vous avez envie de remercier.
- Laissez venir à vous toutes les bonnes pensées sur cette personne, les bons moments partagés, les instants de complicité, tout ce qui vous vient à l'esprit dans cet instant.
- Rouvrez les yeux et prenez votre téléphone, votre ordinateur ou votre papier et votre stylo puis rédigez un message (SMS, e-mail ou lettre) de remerciement à cette personne : laissez-vous aller en lui exprimant votre gratitude.
- Envoyez votre message en vous focalisant sur votre relation et les bienfaits d'une communication exprimée pour vous deux.

ROUTINE 3

TOURNÉE DE COMPLIMENTS

Matériel requis : aucun

Temps nécessaire : routine à faire sur une journée entière

Techniques utilisées : développement du potentiel, visualisation

Niveau de difficulté : facile ★☆☆

Mon conseil : à mettre en place sur minimum 33 jours

Cette routine a pour objectif que vous vous serviez de votre parole de façon positive tout au long de votre journée. Faire des compliments à quelqu'un d'autre ne fait pas que lui faire du bien. Vous remarquerez rapidement qu'il est agréable pour vous de valoriser quelqu'un. Ce geste désintéressé et surtout le beau sourire de cette personne confirmeront que, vous aussi, vous avez fait quelque chose de bien.

Une fois cette routine intégrée, elle sera particulièrement utile pour vous mettre dans un esprit de communication positive et bienveillante. Donner le sourire à quelqu'un sans rien attendre en retour est un sentiment puissant. Lorsque vous faites un compliment (sincère) à quelqu'un, cela veut dire que vous avez pris le temps de vous intéresser à lui.

- Fermez les yeux.
- Visualisez un cercle bleu turquoise empli d'énergies positives. Cette énergie de couleur bleue est le symbole de la communication positive idéale que nous rêvons tous d'acquérir.
- Observez l'énergie bleue, ressentez-la, entendez-la en focalisant votre attention sur tous vos sens. Elle est maintenant rentrée à l'intérieur de vous et vient se déposer au niveau de votre gorge, puis disparaît afin de vous aider à faire cette routine en toute simplicité.
- Acceptez mentalement l'intention de cette énergie bleue de vous accompagner dans votre journée afin de complimenter toutes les personnes qui seront autour de vous. Votre unique objectif sera de faire ressortir le meilleur de l'autre.
- Rouvrez vos yeux et commencez votre journée en complimentant toutes les personnes qui croiseront votre chemin durant la journée, connues ou inconnues.
  IMPORTANT : vous devez penser les compliments que vous délivrerez.

ROUTINE 4

UNE PAROLE FLUIDE

MATÉRIEL REQUIS : aucun

TEMPS NÉCESSAIRE : cinq minutes

TECHNIQUE UTILISÉE : développement du potentiel

NIVEAU DE DIFFICULTÉ : exigeant ★★★

Cette routine a pour objectif de s'amuser en travaillant votre élocution. Une bonne élocution nécessite un fonctionnement normal du cerveau, de la bouche, de la langue et des cordes vocales (larynx). Un manque d'énergie affectant l'un de ces organes peut entraîner des troubles de l'élocution. Si vous venez de tomber sur cette routine, c'est qu'il vous faut un peu d'humour dans votre vie afin de travailler votre diction et votre communication.

Une fois cette routine intégrée elle sera particulièrement utile pour vos futures prises de parole en public. Cette routine amusante et ludique est utilisée par beaucoup de comédiens et d'artistes afin d'avoir une parole fluide pendant cinq minutes après la répétition de ces phrases. Je vous conseille d'utiliser cette technique et de la transmettre à tous (petits et grands) afin de vous en servir avant un entretien, la lecture de poésie à des enfants ou toute autre prise de parole importante dans votre quotidien, afin de commencer l'échange dans d'excellentes conditions et de diminuer l'appréhension.

- Asseyez-vous confortablement, les pieds à plat, sans croiser les jambes.
- Répétez une dizaine de fois les phrases suivantes, les unes à la suite des autres :
  - Didon dîna dit-on
  - Douze douches douces
  - Gisèle songe à la chimie
  - Il a mis une moustache postiche
  - Je vais chez ce cher Serge
  - La chemise du chimiste sèche
  - Qui a bu l'eau du lac ? Qu'a bu l'âne ?
  - Piano panier, piano panier, piano panier
  - Seize jacinthes sèchent dans seize sachets sales
  - Sachant que Zachée est un sage
  - Le postiche de l'archiduchesse est plein de glaise
  - Les chaussettes de l'archiduchesse sont sèches et archi-sèches
  - Son chat chante sa chanson

ROUTINE 5

SOULAGER MES ORGANES

Matériel requis : papier, stylo et ciseaux

Temps nécessaire : cinq minutes

Techniques utilisées : programmation neuro-linguistique, visualisation, pleine conscience, soin énergétique

Niveau de difficulté : exigeant ★★★

Mon conseil : à mettre en place sur minimum 33 jours

Cette routine a pour objectif d'utiliser les images mentales pour travailler sur les maux physiques de votre corps. Ce qu'on appelle généralement l'imagerie mentale a comme fonction de faire surgir dans l'esprit des images produites par votre imagination, votre intuition et votre inconscient. C'est ce qu'il se passe dans vos rêves. Le but est de recourir à l'« intelligence » de votre inconscient et à la capacité de votre organisme de « savoir » ce qu'il vit et ce qui est bon pour lui.

Une fois cette routine intégrée, elle sera particulièrement utile pour mieux connaître divers aspects de vous-même, pour stimuler la créativité dans tous les aspects de communication avec votre corps, pour comprendre encore davantage les causes d'une maladie et trouver des moyens ludiques de vous soigner naturellement en plus des soins médicaux recommandés. On se sert donc des images mentales pour agir sur des comportements ou des processus physiologiques (pour favoriser et amplifier la guérison et le rétablissement, par exemple).

- Identifiez l'organe avec lequel vous avez besoin de travailler, celui qui vous provoque des maux au quotidien.
- Notez-le sur votre feuille ainsi que tous les inconforts associés à celui-ci, tout ce qu'il vous provoque.
- Fermez les yeux puis, dans votre espace mental, parlez à votre organe et demandez-lui de vous dire par télépathie, en utilisant des mots simples et clairs, quelle est l'origine de ces maux.
- Laissez-vous trois minutes de silence pour entendre sa problématique et comprendre le message qu'il a à vous communiquer. Laissez remonter sans jugement les premiers mots et réponses que vous délivre votre organe par l'intermédiaire de votre partie inconsciente.
- Notez sur votre feuille tout ce qui vient en gardant les yeux fermés pour ne pas perdre le dialogue interne en cours.
- Maintenant que vous avez compris votre problématique, établissez un contrat virtuel : formulez l'intention de mettre en place, dès la fin de cette routine, un changement d'attitude intérieure, d'actes, d'habitudes alimentaires, etc.
- Ensuite, visualisez un organe tout neuf qui prend la place de l'organe actuel. Cette nouvelle image viendra remplacer l'ancienne et sera comprise par votre inconscient afin que votre organe se régénère.
- Pour finir, imaginez maintenant que plein de petits soldats viennent restructurer, renforcer et réparer votre organe, ce qui permet à celui-ci de retrouver une bonne énergie de fonctionnement.
  Attendez encore quelques secondes et laissez infuser dans l'entièreté de votre corps le soin énergétique que vous venez de vous offrir.
- Rouvrez les yeux et coupez à l'aide de ciseaux toutes vos notes en répétant neuf fois à haute voix : « Le message passé par (nom de l'organe, par exemple mes poumons) est bien compris par mon conscient et je m'engage sur le plan physique à faire le nécessaire dès maintenant. »
- Commencez votre journée en tenant vos engagements.

ROUTINE 6

CONNEXION À LA NATURE

MATÉRIEL REQUIS : aucun

TEMPS NÉCESSAIRE : cinq minutes

TECHNIQUES UTILISÉES : visualisation et pleine conscience

NIVEAU DE DIFFICULTÉ : moyen ★★☆

Cette routine a pour objectif d'apprendre à trouver et à interpréter les métaphores et les messages cachés dans votre espace mental de réflexion interne. Ces messages émergent des profondeurs de votre inconscient et sont des expressions directes de différents aspects de vous-même, dont vous n'êtes pas toujours conscient.

Une fois cette routine intégrée, elle sera particulièrement utile pour développer votre connexion corps/esprit ou physique/psychique. Les messages cachés qui vous sont délivrés lors de visualisations, de séances d'hypnose, de PNL ou de développement du potentiel sont très souvent des messages sous forme d'images (métaphores), de textures, de couleurs, de saveurs, de symboles, de ressentis, d'animaux totems. Il vous faudra donc faire des recherches de correspondance symbolique afin d'en comprendre leur sens.

- Asseyez-vous confortablement, les pieds à plat, sans croiser les jambes.
- Fermez les yeux pour intensifier l'exercice.
- Commencez par récupérer de l'oxygène grâce à la respiration profonde :
  - sept secondes d'inspiration par le nez pour bien remplir le ventre ;
  - sept secondes pour bloquer l'air à l'intérieur de vous ;
  - sept secondes d'expiration par la bouche.
- Transportez-vous dans la nature ou l'endroit qui viendra instantanément dans votre espace mental.
- Dans ce lieu, déposez une offrande (couronne de fleurs, panier de fruits ou autre) et demandez aux énergies de la nature de se manifester.
- Pendant que vous attendez, écoutez vos ressentis.
- Les énergies de la nature pourront se manifester par un bruissement inhabituel dans les feuilles, dans l'environnement, par le sentiment de ne pas être seul, ou par des animaux totem qui se présenteront à vous.
- Profitez de cet instant de pause pour faire le tour de tous vos sens en vous focalisant sur cet instant. Un message vous sera délivré à condition que vous puissiez le voir et le décoder. Prenez votre temps dans cette unique expérience.
- Quand vous avez fini de vivre ce que vous aviez à vivre, rouvrez les yeux et débutez une réflexion sur votre message.
- Commencez votre journée.

À RETENIR

N'oubliez pas que votre conscient et votre inconscient ne parlent pas le même langage, ce qui explique que très peu de personnes inexpérimentées dans la pratique de visualisation reçoivent des messages de leur inconscient sous forme de phrases toutes faites. Plus vous pratiquerez la visualisation, plus les images ou ressentis deviendront des mots puis des phrases lors de vos routines.

ROUTINE 7

L'EFFET MIROIR

Matériel requis : aucun

Temps nécessaire : cinq minutes

Technique utilisée : développement du potentiel

Niveau de difficulté : facile ★☆☆

Cette routine a pour objectif d'utiliser la métaphore et la projection pour que vous compreniez que la communication avec vous-même peut s'exprimer aussi par la communication avec l'autre ou par un objet de substitution.

Une fois cette routine intégrée, elle sera particulièrement utile pour comprendre votre fonctionnement psychique. Nous projetons tous sur les autres, sans nous en rendre compte, nos pensées, croyances et ressentis, et ce toute la journée. Avec cette routine, vous allez pouvoir laisser parler votre inconscient sur vos propres ressentis en vous projetant sur un objet. Cette routine ludique d'effet miroir par le transfert vous donne des indications sur votre état émotionnel du moment. Vous allez projeter des qualités, des sentiments, des désirs que vous méconnaissez ou refusez en vous. La projection correspond à l'opération mentale par laquelle vous attribuez à quelqu'un d'autre vos propres sentiments, dans une recherche inconsciente de stabilité psychique et physique.

- Rapprochez-vous d'une plante (ou de fleurs) et touchez-la pour favoriser la communication entre vous et elle.
- À quoi vous fait-elle penser ? Comment pouvez-vous la décrire ? Quelle émotion suscite-t-elle chez vous ?
- Donnez-lui un nom que vous inventerez à son intention à l'aide d'adjectifs qui la décrivent : ce sera votre mantra de la journée.
  Exemple : petite fleur sauvage fragile et lumineuse.
- Arrosez-la en répétant votre mantra.
- Faites le lien avec vous en prenant conscience de l'importance du pouvoir des mots sur les maux de votre vie. Décidez de vous apporter la même bienveillance qu'à la fleur que vous venez de baptiser et de nourrir.
- Accueillez sans jugement ce lien avec vous et votre état interne et remerciez votre plante pour cette communication par transfert.
- Pour finir, prenez un grand verre d'eau et répétez votre mantra en rajoutant à celui-ci les ressources nécessaires pour embellir davantage l'image de cette fleur ou de cette plante.
  Exemple : petite fleur sauvage fragile et lumineuse deviendra forte et puissante.
- Chaque fois que vous boirez de l'eau dans votre journée, répétez mentalement ce mantra en vous rappelant cette expérience des associations de liens et de projection de soi sur l'autre.
  Commencez votre journée.

PÔLE CONCENTRATION

6

Le pôle concentration est représenté par la couleur bleu foncé ainsi que par l'énergie numérique 6. Il s'agit de notre sixième centre d'énergie vitale, qui, comme son nom l'indique, régule notre concentration sur les plans physique et psychique. En méditation de pleine conscience, il est associé au troisième œil. Le troisième œil est proche de la glande pinéale, située au centre du cerveau et au milieu du front. Il symbolise un état éclairé de conscience à travers lequel il est possible de percevoir le monde. Aussi appelé « œil intérieur » ou « œil de l'âme », il est une métaphore mystique d'origine orientale qui désigne, au-delà des yeux physiques, un troisième regard, celui de la connaissance de soi. Pour travailler ce centre d'énergie, il est courant de le visualiser dans notre espace mental entre nos deux yeux.

Ce centre d'énergie est chargé de la zone physique de la tête, du cerveau, de l'hypophyse et de l'hypothalamus. Vous pourrez constater qu'il s'agit là de zones physiques avec des fonctions capitales pour nos interactions et la régulation du reste de notre corps. Si vous poussez davantage l'analyse, vous noterez que les énergies qui irriguent ces zones physiques correspondent à la vibration 6 en numérologie : ce sont des énergies de réflexion, de discernement, de régulation et de capacité à penser (le cerveau est le centre d'intégration et de traitement qui contrôle les pensées, les émotions, les actes volontaires ou involontaires, le langage, la mémoire, les sens, la force et le contrôle des mouvements, la sensibilité, etc.).

Sur le plan psychique, un équilibre énergétique satisfaisant entraînera une prédisposition à devenir une personne adaptable, qui aime rassembler les autres et en prendre soin, volontaire, raisonnable, curieuse, logique, pleine de réflexion, d'objectivité et de bon sens, et le tout avec une grande capacité de concentration énergétique.

La plus grande difficulté de ce pôle sera de ne pas se précipiter ni de prendre de nouvelles décisions trop rapidement. Plus vous travaillerez ce pôle, plus vous impulserez le changement. Cela pourra changer votre perspective de vie actuelle et modifier votre personnalité. Les changements sont bénéfiques dans votre évolution, mais, attention, la préparation est essentielle... Pensez à votre entourage qui pourrait ne plus vous reconnaître et ressentir de l'incompréhension.

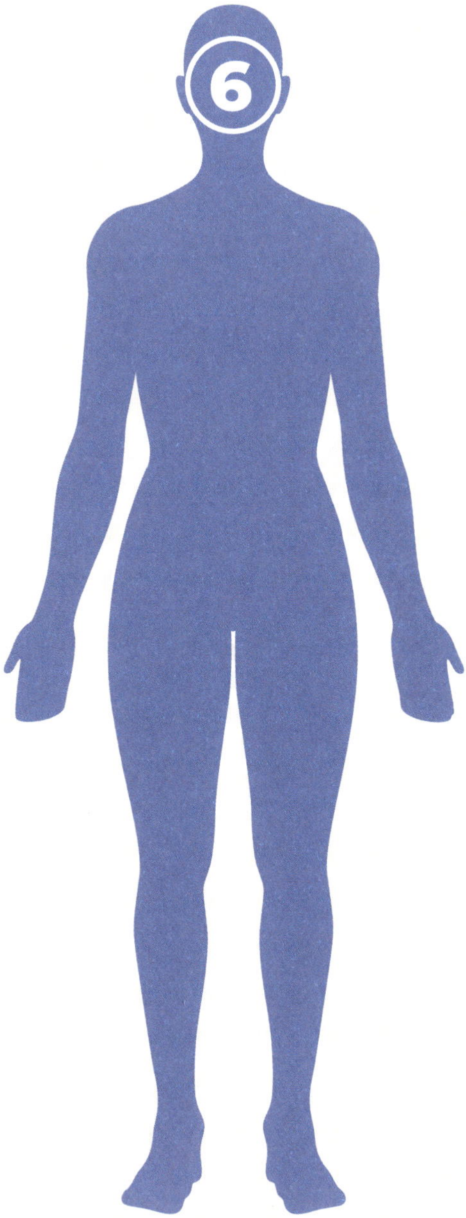
6

ROUTINE 1

RÉCUPÉRATION D'OXYGÈNE – LA RÈGLE DES 3×7

Matériel requis : un minuteur

Temps nécessaire : cinq minutes

Techniques utilisées : pleine conscience et développement du potentiel

Niveau de difficulté : facile ★ ☆ ☆

Mon conseil : à mettre en place sur minimum 33 jours

Cette routine a pour objectif de dénouer les tensions musculaires, de diminuer la sensation de douleur, de calmer les pensées et d'éliminer les toxines. La respiration profonde est une respiration lente et abdominale qui mobilise l'ensemble des capacités pulmonaires. Lorsqu'on respire en automatique, on n'utilise qu'une petite partie de ses capacités respiratoires.

Une fois cette routine intégrée, elle sera particulièrement utile pour vous habituer à vous servir de vos poumons dans leur totalité. Vous pouvez être assuré que deux ou trois mois après avoir commencé à pratiquer, votre puissance de travail corporel aura doublé, vos facultés intellectuelles triplé et votre énergie morale quadruplé.

- Déclenchez la minuterie pour cinq minutes d'entraînement.
- Asseyez-vous confortablement, les pieds à plat, sans croiser les jambes.
- Fermez les yeux et laissez venir à vous toutes les pensées qui arrivent, sans aucune résistance.
- Une fois le calme mental installé, posez vos mains sur votre ventre et pratiquez la respiration profonde :
  - sept secondes d'inspiration par le nez pour bien remplir le ventre ;
  - sept secondes pour bloquer l'air à l'intérieur de vous ;
  - sept secondes d'expiration par la bouche.
- Une fois le temps écoulé, restez quelques secondes encore les yeux fermés et, à votre rythme, rouvrez les yeux.
- Observez toutes les sensations positives en vous… et profitez encore un instant de cette bulle de calme et de bien-être.
- Puis commencez votre journée.

ROUTINE 2

PRENDRE DU RECUL POUR COMMENCER UNE ACTION

Matériel requis : une feuille de papier et un stylo

Temps nécessaire : cinq minutes

Techniques utilisées : pleine conscience et programmation neuro-linguistique

Niveau de difficulté : facile ★☆☆

Cette routine a pour objectif de se servir du reflet de vos pensées comme aide à la réflexion, à la définition de solutions et à la prise de décision. Vos écrits servent de miroir pour vous voir de l'intérieur et entrer en contact avec votre inconscient.

Une fois cette routine intégrée, elle sera particulièrement utile pour vous mettre à l'écoute de votre propre psychisme, pour grandir en tant que personne... Avant toute chose, l'introspection repose sur une curiosité envers l'humain. La curiosité de mieux se connaître, de mieux se comprendre. Cela passe par le fait de faire un retour vers soi, d'ouvrir ses horizons, d'aller voir son fonctionnement et ses schémas de pensées. Dans l'introspection, il y a ce double mouvement de regard intérieur et d'exploration extérieure. L'introspection, c'est décider que c'est vous qui pilotez votre véhicule intérieur. Il n'y a pas de recette miracle ni de méthode secrète. Cette méthode d'observation et d'analyse est fondamentale pour votre bonheur.

- Asseyez-vous confortablement, les pieds à plat, sans croiser les jambes.
- Pensez mentalement les questions ci-dessous et couchez les réponses sur une feuille de papier :
  - Êtes-vous fier de vous ces temps-ci ?
  - Avez-vous eu des regrets dernièrement ?
  - Que pouvez-vous en faire ?
  - Maintenant ?
  - Une prochaine fois ?
- Relisez-vous. Que ressentez-vous en vous relisant ?
- Réfléchissez à l'idée suivante : une action permet de matérialiser le processus de prise de conscience, de transformer son présent et se détacher des événements. Pouvez-vous faire quelque chose de votre personne, communiquer, réparer, pardonner, poser des limites, lâcher prise, afin de prendre le recul nécessaire et ainsi moins souffrir ?
- Définissez et mettez en place cette action aujourd'hui pour clôturer cette routine introspective qui résume votre réflexion journalière et qui impulsera le changement grâce à votre maîtrise de soi.

ROUTINE 3

OUI-NON

MATÉRIEL REQUIS : aucun

TEMPS NÉCESSAIRE : cinq minutes

TECHNIQUE UTILISÉE : pleine conscience

NIVEAU DE DIFFICULTÉ : facile ★☆☆

Cette routine a pour objectif d'être à l'écoute de votre corps, car lui seul connaît la meilleure réponse pour vous. Pour la réussite de cette technique, il vous faudra faire preuve d'une grande neutralité afin de ne pas fausser vos réponses. Laissez parler votre corps sans rien influencer, ne réfléchissez plus, ne désirez plus le temps d'un instant. Devenez une coquille vide et écoutez le maître chuchoter…

Une fois cette routine intégrée, elle sera particulièrement utile pour développer votre capacité de concentration sensorielle et kinesthésique. Il peut être intéressant d'interroger votre corps sur des décisions déjà prises. Vous constaterez très souvent que votre corps est en opposition avec la réponse de votre psychisme. Il sera alors nécessaire, si vous en êtes capable, de réanalyser vos choix, car n'oubliez pas que votre corps et votre esprit doivent être sur la même longueur d'onde, en équilibre, pour se sentir en phase avec soi (le fameux « bien dans sa peau » !).

- Installez-vous debout, les pieds joints.
- Fermez les yeux pendant une minute et laissez le calme s'installer en vous.
- Répétez « oui » à haute voix tout en laissant votre corps physique basculer en avant six fois de suite afin que votre corps s'imprègne de cette convention.
- Faites la même chose pour le « non » en basculant six fois en arrière.
- Vérifiez que la convention est acquise en affirmant intérieurement « oui » et en constatant que le corps bascule naturellement vers l'avant.
- Faites de même pour le « non ».
- Demandez à votre psychisme de se murer dans le silence le temps de cette routine, afin de laisser la place à votre corps le temps d'un échange.
- Posez à votre corps toutes les questions fermées (dont les réponses seront « oui » ou « non ») auxquelles vous avez du mal à répondre, afin de vous aider dans vos choix.
- Quand vous avez terminé, remerciez votre psychisme et votre corps de cet échange.
- Rouvrez les yeux et faites le bilan de cette routine en conscience.

ROUTINE 4

RALENTIR, DANSER, CÉLÉBRER

MATÉRIEL REQUIS : aucun

TEMPS NÉCESSAIRE : libre

TECHNIQUES UTILISÉES : développement du potentiel, programmation neuro-linguistique et numérologie

NIVEAU DE DIFFICULTÉ : facile ★☆☆

MON CONSEIL : à mettre en place sur minimum 33 jours

Cette routine a pour objectif de vous concentrer sur trois actions au cours de votre journée. Il est important de travailler votre capacité à embellir les situations et à rendre positive chaque expérience de votre quotidien. Car c'est l'enchaînement de plusieurs actions limitantes qui, dans le temps propre à chacun, formera des nœuds énergétiques et entraînera dans votre corps vos futurs blocages.

Une fois cette routine intégrée, elle sera particulièrement utile pour développer votre capacité à penser. Développer la pensée positive n'est pas un comportement naturel, c'est une habitude que vous devrez entretenir toute votre vie.

- RALENTIR

À chaque action que vous devrez entreprendre, vous penserez : « Je ralentis dans mon action et je prends mon temps pour faire les choses calmement et en profondeur. »
Concentrez-vous et focalisez votre attention sur les énergies de perfection représentées par le nombre 6.
Quelles images positives arrivent dans votre espace mental quand vous êtes dans cette énergie de perfectionnement ? Quelles sensations agréables vous envahissent ? Parcourez tout votre corps sur les deux plans, psychique et physique, afin de laisser infuser cette ressource.

- DANSER

À chaque musique que vous entendrez (en voiture, dans les transports en commun, à la radio), vous danserez et bougerez votre corps avec joie – physiquement, si l'endroit vous le permet, sinon vous vous visualiserez en train de danser dans votre espace mental.
Concentrez-vous et focalisez votre attention sur les énergies artistiques représentées par le nombre 6.
Quelles images positives arrivent dans votre espace mental quand vous êtes dans cette énergie de bien-être ? Quelles sensations agréables vous envahissent ? Parcourez tout votre corps sur les deux plans, psychique et physique, afin de laisser infuser cette ressource.

- CÉLÉBRER

Le soir, faites-vous un bon repas, dressez une jolie table et célébrez vos actions manquées afin d'informer votre corps, par vos énergies positives, que vous avez compris que chaque expérience difficile cache un message envoyé par votre inconscient et non reçu par votre psychisme.
Concentrez-vous et focalisez votre attention sur les énergies de soignant représentées par le nombre 6.
Quelles images positives arrivent dans votre espace mental quand vous êtes dans cette énergie de quête de sens ? Quelles sensations agréables vous envahissent ? Parcourez tout votre corps sur les deux plans, psychique et physique, afin de laisser infuser cette ressource.

ROUTINE 5

SE PLACER EN ÉTAT CÉRÉBRAL ALPHA

MATÉRIEL REQUIS : aucun

TEMPS NÉCESSAIRE : cinq minutes

TECHNIQUES UTILISÉES : pleine conscience

NIVEAU DE DIFFICULTÉ : moyen ★★☆

MON CONSEIL : à mettre en place sur minimum 33 jours

Cette routine a pour objectif de vous apprendre à vous placer psychiquement et physiquement en état cérébral alpha. Le niveau alpha correspond à un état de relaxation profonde pendant que vous êtes en éveil. Le but de cette routine est de favoriser le travail autour du lâcher-prise et de la pleine capacité à être dans le moment présent.

Une fois cette routine intégrée, elle sera particulièrement utile pour mieux gérer vos états de stress et vos états émotionnels (angoisse, peur, phobie), augmenter votre énergie ainsi que votre tonus, favoriser une meilleure concentration et une meilleure mémoire. Se placer en état cérébral alpha vous permet de prendre un contrôle conscient du fonctionnement de votre corps et de vos réactions physiologiques. Au niveau alpha, vous aurez une meilleure perception de tous vos sens, vous serez beaucoup plus à l'écoute de votre intuition, ce qui veut dire qu'avec l'entraînement vous saurez ce qu'il faut faire au moment où il faut le faire.

- Asseyez-vous confortablement, les pieds à plat, sans croiser les jambes.
- Laissez venir à vous toutes les pensées qui arrivent, sans aucune résistance.
- Une fois le calme mental installé, posez vos mains sur votre ventre et pratiquez la respiration profonde :
  - sept secondes d'inspiration par le nez pour bien remplir le ventre ;
  - sept secondes pour bloquer l'air à l'intérieur de vous ;
  - sept secondes d'expiration par la bouche.
- Visualisez que vous vous étirez de vos doigts de pieds à votre tête, jusqu'à ce que votre corps devienne élastique et aussi fin qu'un fil de soie, voire invisible à l'œil nu.
- Restez dans cette projection mentale pendant trois minutes en oubliant tout ce qu'il se passe autour de vous. Vous êtes dans un état présent en toute conscience, ce qui vous permet de connaître une sensation de lâcher-prise.

À RETENIR

Lorsque les ondes alpha sont activées dans le cerveau, le corps est dans un état de relaxation et de calme. Votre esprit est davantage ouvert, ce qui vous permet d'être plus attentif à ce que vous faites. Les ondes alpha favorisent l'entrée dans le moment présent.

ROUTINE 6

BIEN PLUS QU'UNE CHANSON

MATÉRIEL REQUIS : aucun

TEMPS NÉCESSAIRE : cinq minutes

TECHNIQUES UTILISÉES : loi de l'attraction universelle et pleine conscience

NIVEAU DE DIFFICULTÉ : facile ★★☆

Cette routine a pour objectif, grâce aux synchronicités de la vie et de vos envies musicales du moment, de trouver un message personnalisé dans les paroles d'une musique choisie. À l'écoute d'une musique, vous ressentez différentes émotions. Parfois, vous appréciez une chanson parce que vous ressentez des émotions liées aux paroles. Vous avez même l'impression que la chanson raconte votre propre histoire et qu'elle a été écrite pour vous. Vous pouvez aussi ressentir des émotions à l'écoute des instruments qui composent la mélodie. La musique est universelle, vous pouvez comprendre le sens d'une chanson même sans en comprendre la langue, savoir si elle est triste ou gaie rien qu'avec le rythme ou les notes.

Une fois cette routine intégrée, elle sera particulièrement utile pour vous aider à dépasser certaines de vos croyances limitantes. En vous concentrant sur les synchronicités provoquées par ce que vous dégagez au niveau énergétique, vous accéderez à votre rythme au langage de votre corps.

- Choisissez une chanson que vous voulez écouter pour commencer votre journée.
- Commencez par l'écouter une fois en entier pour vous faire plaisir.
- Puis réécoutez-la en vous concentrant sur les paroles et leur sens.
- Faites le lien avec votre état émotionnel et vos ressentis intérieurs du moment.

  Que ressentez-vous en écoutant cette chanson ?

  Ressentez-vous du bonheur ou plutôt de la tristesse ?

  Quelle histoire imaginez-vous ?

  Prenez conscience que cette chanson représente la métaphore de votre état présent, vos attentes et vos besoins, et que vous ne l'avez pas choisie par hasard. Comprenez maintenant que le hasard n'existe pas... Il s'agit de synchronicité en lien avec l'énergie que vous dégagez.
- Maintenant, définissez une interrogation par rapport à ses ressentis constatés, une question pour laquelle vous avez besoin d'un petit coup de pouce pour vous aider à y répondre et débloquer la situation.
- Choisissez maintenant une nouvelle chanson, celle qui vient tout de suite et instantanément dans vos pensées.
- Fermez les yeux et écoutez votre deuxième chanson avec attention et concentration. Un message de votre inconscient pour répondre à votre question vous sera envoyé à travers les paroles de votre chanson pour vous aider à débloquer votre situation.

ROUTINE 7

PROGRAMMER UN DÉFI

MATÉRIEL REQUIS : un réveil ou un téléphone

TEMPS NÉCESSAIRE : cinq minutes

TECHNIQUES UTILISÉES : développement du potentiel, visualisation, pleine conscience

NIVEAU DE DIFFICULTÉ : moyen ★★☆

MON CONSEIL : à mettre en place sur minimum 33 jours

Cette routine a pour objectif de travailler sur vos comportements gênants et de favoriser votre développement personnel. Cela vous permettra de faire un vrai bilan introspectif en temps réel. Chacun a en soi les ressources nécessaires pour avancer à son rythme.

Une fois cette routine intégrée, elle sera particulièrement utile pour comprendre que rien n'est jamais acquis complètement. Tout se travaille. Cependant, plus vous travaillez encore et encore à l'amélioration d'un comportement et plus il vous sera facile de le transformer et de l'améliorer sans cesse.

À RETENIR

Dans le monde interne de l'invisible, rien ne s'efface, tout se transforme. L'échec est le meilleur des apprentissages. C'est en relevant des défis quotidiens que vous arriverez à bien mesurer votre valeur.

- Choisissez un défi facilement atteignable, mais qui vous a déjà posé des difficultés dans le passé.

  Exemple : prendre la parole en public, regarder dans les yeux les personnes avec qui vous parlez, ne pas couper la parole, partir en week-end sans vos enfants, etc.
- Notez sur une feuille de papier l'heure précise à laquelle vous serez disponible pour commencer votre défi dans votre journée ainsi que la durée dont vous pouvez disposer.
- Ensuite, pendant trois minutes, dans votre espace mental, en fermant les yeux, entraînez-vous en visualisant votre plan d'action pour réussir votre défi.
- Rouvrez les yeux, puis programmez une alerte sur votre réveil ou sur votre téléphone, à l'heure choisie précédemment.
- Quand l'heure adviendra, à vous de jouer.
- Une fois votre défi terminé, félicitez-vous, peu importe la réussite ou non de celui-ci.
- Si vous n'avez pas réussi, analysez le pourquoi, et demandez-vous ce qui vous manque et comment vous pourriez mieux faire la prochaine fois.
- Reprogrammez-vous le même défi sur un autre jour (définir la date, le jour, l'heure de départ et le temps de jeu) en vous disant que vous vous rapprochez un peu plus tous les jours de la réussite.

  Astuce : Lorsque la procrastination veut s'installer en vous, prenez cela comme un signal d'alerte pour faire immédiatement ce que vous comptiez faire. Oubliez l'heure si vous le pouvez, votre psychisme est en train de vous jouer des tours, car une partie inconsciente de vous a peur de l'échec.

PÔLE CONSCIENCE

7

Le pôle conscience est représenté par la couleur violette ainsi que par l'énergie numérique 7. Il s'agit de notre septième centre d'énergie vitale, qui, comme son nom l'indique, régule notre conscience. En méditation de pleine conscience, il est associé à la transformation. Il est situé au sommet de la tête et symbolise un état éclairé de conscience en quête du sens de la vie. Il influe sur les fonctions cérébrales, notamment l'intelligence, la sagesse, le sentiment d'unité et la connaissance de soi.

Ce centre d'énergie est responsable de l'équilibre hormonal, de la reproduction, de la peau et de la glande pinéale. Il englobe la boîte crânienne. Vous pourrez constater qu'il s'agit là de zones qui régulent, protègent et équilibrent nos fonctions physiologiques. Si vous poussez l'analyse plus loin, vous noterez que les énergies qui irriguent ces zones physiques correspondent à la vibration 7 en numérologie : ce sont des énergies de compréhension, de conscientisation, de spiritualité, d'intellect, d'apprentissage, d'enseignement et de nouveauté. En effet, le nombre 7 représente la maîtrise de l'esprit et du spirituel sur la matière : les fonctions physiques liées à ce pôle renvoient ainsi à la transmission et à la vie intérieure.

Sur le plan psychique, un équilibre énergétique satisfaisant impulsera une prédisposition à devenir une personne cérébrale, pédagogue, originale, épanouie, qui possède un bon sens de l'analyse et de l'expertise.

La plus grande difficulté relative à ce pôle sera de comprendre la relation intériorisée qu'une personne est capable d'établir avec le monde où elle vit ou avec elle-même. En ce sens, ce centre énergétique est fréquemment relié à la notion d'existence. Avoir l'intuition, l'impression, le sentiment de quelque chose nous permet de renforcer notre empreinte de vie.

Par conséquent, avant d'investir la conscience de notre monde, il sera primordial de prendre conscience de soi !

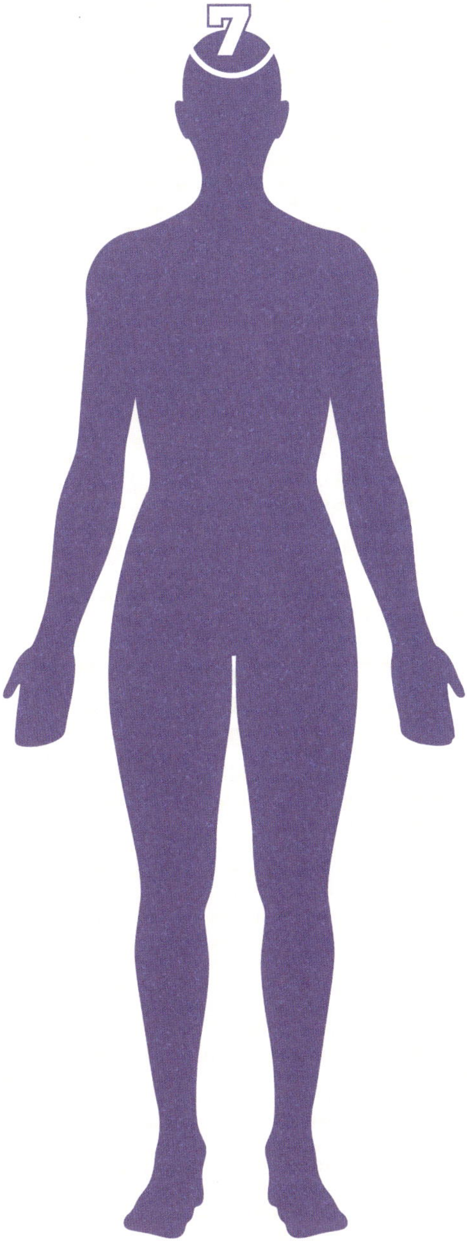
7

ROUTINE 1

UN JOUR NOUVEAU

MATÉRIEL REQUIS : une feuille de papier et un stylo

TEMPS NÉCESSAIRE : une journée

TECHNIQUES UTILISÉES : développement du potentiel et programmation neuro-linguistique

NIVEAU DE DIFFICULTÉ : exigeant ★★★

MON CONSEIL : à mettre en place sur minimum 33 jours

Cette routine a pour objectif de créer votre propre vision de la vie, d'apprendre à vous écouter et à avoir confiance en vous, d'expérimenter vos propres choix et de vous recentrer sur l'essentiel. Un changement, quel qu'il soit, peut en entraîner plein d'autres !

Une fois cette routine intégrée, elle vous sera particulièrement utile pour comprendre que chaque journée vous invite à la nouveauté et vous offre la possibilité de tout changer dans votre vie. Le changement de vie est parfois issu d'une décision personnelle, signe d'une aspiration forte à vivre autre chose, une envie irrépressible d'une nouvelle expérience, une prise de conscience de la réalité quotidienne. Il peut aussi vous être imposé par les circonstances.

- Décidez que cette journée est la meilleure pour commencer à vous écouter et à apporter du renouveau dans votre quotidien.
- Définissez votre désir et notez sur une feuille trois actions en lien avec celui-ci pour déclencher la nouveauté dont vous avez besoin.
- Pour marquer symboliquement votre engagement, créez un rituel de passage à ce nouveau commencement.
  Exemple : allumez une bougie en vous répétant à haute voix vos actions choisies à mettre en place, commencez l'écriture d'un journal, faites-vous un gommage aux sels, commencez un jeûne.
- Mettez en place durant les prochains jours, mois, années... tout ce qu'il vous sera possible de faire pour mettre à bien vos trois actions en vous fixant des objectifs précis tout au long de ces périodes.

ATTENTION

Pour vérifier qu'un changement est bel et bien motivé par une envie profonde de nouveauté et non pas par une stratégie d'évitement ou de fuite, demandez-vous quels ont été les événements déclencheurs qui ont amené ce désir de changement. À quel sujet aimeriez-vous tourner la page? Des relations? Des habitudes que vous jugez mauvaises?

ROUTINE 2

JE PARDONNE

Matériel requis : aucun

Temps nécessaire : cinq minutes

Techniques utilisées : développement du potentiel, programmation neuro-linguistique et pleine conscience

Niveau de difficulté : exigeant ★★★

Mon conseil : à mettre en place sur minimum 33 jours

Cette routine a pour objectif de comprendre que chaque personne qui rentre en communication avec vous projette une partie d'elle sur vous, sans le vouloir, pour se décharger émotionnellement. Ce mécanisme psychique de défense les confronte à leurs propres peurs et angoisses, à leurs émotions, qu'elles projettent sur autrui, sur une situation, ou sur un objet extérieur.

Une fois cette routine intégrée, elle sera particulièrement utile pour vous détacher ou pardonner à une personne en prenant le recul sur certaines situations, à condition de garder votre place et de toujours vous respecter. Faire le premier pas n'est pas un signe de faiblesse, mais de grandeur d'esprit. La compassion permet de mettre la distance nécessaire entre votre propre énergie et celle des autres.

- Fermez les yeux.
- Une fois le calme mental installé, posez vos mains sur votre ventre et pratiquez la respiration profonde :
  - sept secondes d'inspiration par le nez pour bien remplir le ventre ;
  - sept secondes pour bloquer l'air à l'intérieur de vous ;
  - sept secondes d'expiration par la bouche.
- Ensuite, dans votre espace mental, déterminez une personne qui vous a un peu peiné, un peu déçu, un peu blessé.
- Projetez cette personne dans une bulle de couleur violette en face de vous et, toujours dans votre espace mental, dites à cette personne que, malgré son attitude blessante, vous faites preuve de compassion envers elle et que vous lui pardonnez. Dites-lui que vous avez compris que son attitude reflétait son propre malaise et qu'il ne vous appartenait pas. Vous avez donc décidé de vous libérer de l'empreinte de son énergie en lui pardonnant.
- Rouvrez vos yeux.
- Tout au long de votre journée, faites preuve de discernement et de compassion, c'est-à-dire de bienveillance spontanée envers autrui, en observant toutes les personnes que vous rencontrerez. Remarquez comment vous ramenez à vous, sans le vouloir, dans votre espace psychique, toutes les projections des personnes que vous rencontrez dans votre journée.

À la fin de votre journée, pour intensifier votre routine, si vous le souhaitez, vous pourrez envoyer un SMS, un e-mail ou passer un appel à cette personne afin de lui faire part de votre pardon en posant vos conditions et en respectant vos valeurs.

À RETENIR

Nous sommes des êtres faits d'émotions, tissés de vécus, d'expériences et de conditionnements. Ainsi, les pensées des autres sont parfois sous-tendues par leur problématique intérieure. Il y a plus d'eux que de la réalité dans ce que vous croyez percevoir autour de vous, en vous, dans une situation donnée.

ROUTINE 3

JE SUIS VISIBLE

MATÉRIEL REQUIS : aucun

TEMPS NÉCESSAIRE : libre, à volonté

TECHNIQUE UTILISÉE : développement du potentiel

NIVEAU DE DIFFICULTÉ : moyen ★★☆

MON CONSEIL : à mettre en place sur minimum 33 jours

Cette routine a pour objectif de prendre conscience de sa valeur, de ses qualités et de son potentiel. Prendre conscience de son potentiel n'est pas le moyen de le créer, mais bien de le développer.

Une fois cette routine intégrée, elle sera particulièrement utile pour exprimer votre potentiel et augmenter vos performances. Pour pouvoir être dans l'action, il vous faudra utiliser votre potentiel ! Alors il est important de poser un regard bienveillant sur votre vie. Prenez du recul et positionnez-vous en observateur en essayant de faire preuve d'objectivité. Tentez de garder autant que possible cette vision globale afin de sortir de votre quotidien. Appréciez ce que le présent a de meilleur à vous offrir et préparez-vous simplement à accueillir le futur dans toute sa potentialité sans préjugé.

- Notez une de vos qualités et décidez de la mettre en pratique aujourd'hui durant toute votre journée.
- À la fin de votre journée, repensez à toutes vos actions en lien avec cette qualité et prenez conscience de votre potentiel.
- Partagez cette qualité avec votre entourage et mettez-vous en avant en toute humilité.
- Au coucher, définissez une nouvelle qualité à mettre en place pour le lendemain.
- Procédez de la même façon sur trente-trois jours si vous le souhaitez.

À RETENIR

La prise de conscience d'une situation insatisfaisante, dans un premier temps, et la capacité à se projeter dans un futur plus conforme à vos attentes, dans un second temps, constituent les préalables fondamentaux au changement. Mais la véritable évolution se situe dans l'action ! Agissez pour ne pas subir.

ROUTINE 4

JE PROVOQUE LE CHANGEMENT

Matériel requis : aucun

Temps nécessaire : libre, à volonté

Techniques utilisées : développement du potentiel et loi de l'attraction universelle

Niveau de difficulté : moyen ★★☆

Cette routine a pour objectif de matérialiser votre intention dans la matière afin de déclencher le processus de changement d'énergie. Pour actionner concrètement le changement dans votre vie, il faut d'abord que cela passe par de petites choses du quotidien.

Une fois cette routine intégrée, elle sera particulièrement utile pour vous faire comprendre que, pour provoquer le changement, il faut vous séparer des choses superficielles et indispensables qui vous embarrassent.

- Faites du rangement dans vos affaires (armoires, tiroirs, bureaux) afin de libérer de la place.
- Donnez ce que vous n'utilisez plus.
- Ensuite, faites quelque chose que vous ne feriez pas d'habitude, ou affrontez une de vos peurs dans votre journée.

ROUTINE 5

JE MAGNÉTISE MES REPAS

MATÉRIEL REQUIS : nourriture/boisson

TEMPS NÉCESSAIRE : cinq minutes à chaque repas

TECHNIQUES UTILISÉES : soin énergétique et visualisation

NIVEAU DE DIFFICULTÉ : facile ★☆☆

Cette routine a pour objectif de se nettoyer énergétiquement et de programmer une intention positive avant chaque repas. Le fluide énergétique qui circule à travers votre corps peut être utilisé pour charger positivement ce que vous mangez. Vous pouvez utiliser cette technique sur tous les ingrédients et aliments que vous devrez ingérer. N'hésitez pas à exprimer l'intention que ces produits vous apportent le beau, la réparation, le bien-être, etc.

Une fois cette routine intégrée, elle sera particulièrement utile pour vous apprendre à déplacer votre propre fluide énergétique sur des objets ou des personnes et aussi vous débarrasser des énergies négatives dans une poubelle virtuelle par exemple.

- Chaque fois que vous devrez manger ou boire durant cette journée, demandez à votre pôle conscience de vous fabriquer l'énergie nécessaire pour magnétiser votre repas.
- Placez vos deux mains autour de votre plat ou boisson.
- Visualisez que de l'énergie sort de vos mains. Celle-ci vient harmoniser, rendre meilleur et retirer tous les produits chimiques qui pourraient nuire à votre corps sans que vous le voyiez.
- Lorsque vous sentez que l'énergie transmise est suffisante, ce qui peut prendre quelques minutes, vous pouvez vous arrêter et retirer vos mains. Faites-vous confiance et écoutez votre intuition.
- Posez ensuite une intention positive dans votre repas.
- Puis commencez votre repas et, à chaque bouchée, prenez conscience que ces aliments qui entrent et circulent à l'intérieur de vous vous rechargent en énergie vitale.
- Profitez du soin énergétique que vous venez de vous offrir.

ROUTINE 6

JE M'OUVRE AU MONDE

MATÉRIEL REQUIS : libre

TEMPS NÉCESSAIRE : cinq minutes

TECHNIQUE UTILISÉE : soin énergétique

NIVEAU DE DIFFICULTÉ : facile ★☆☆

MON CONSEIL : à mettre en place sur minimum 33 jours

Cette routine a pour objectif de vous ouvrir au monde qui vous entoure grâce à l'apprentissage par la lecture. Sans que vous vous en rendiez compte, la lecture permet à votre conscient de s'apaiser, de se sentir libre et de s'autoriser une pause dans la journée. Le simple fait de penser à autre chose qu'aux problèmes et aux contraintes de la vie nettoie et allège votre vision, bien souvent encrassée et polluée par toutes vos vieilles pensées.

Une fois cette routine intégrée, elle sera particulièrement utile pour enrichir votre esprit et explorer d'autres façons de penser. L'apprentissage donne une raison d'être et un sentiment d'accomplissement. Cela vous ouvrira aussi de nouvelles voies, amènera de nouvelles rencontres, créera de nouveaux champs d'intérêt. Conserver son envie de découvrir et booster sa motivation sont autant de bénéfices offerts par l'art d'apprendre. Cela fait avancer et évoluer.

- Ouvrez votre esprit et enrichissez-vous en apprenant quelque chose de nouveau aujourd'hui. Choisissez un thème qui vous donne envie, apprenez un nouveau mot en intégrant sa définition, faites une recherche sur Internet, dans un magazine, dans un livre.
- Pendant votre journée et pour une durée de cinq minutes minimum, cherchez, lisez, étudiez, approfondissez, analysez et retenez vos recherches afin de vous nourrir intellectuellement.
- N'hésitez pas à vous montrer curieux et partez explorer des thèmes différents de ce que vous aimez. Le monde est GRAND !

ROUTINE 7

LA CÉRÉMONIE

MATÉRIEL REQUIS : une bougie, autres éléments libres

TEMPS NÉCESSAIRE : cinq minutes

TECHNIQUES UTILISÉES : visualisation et soin énergétique

NIVEAU DE DIFFICULTÉ : exigeant ★★★

MON CONSEIL : à mettre en place sur minimum 33 jours

Cette routine a pour objectif de se détacher en douceur des énergies limitantes et bloquantes que votre corps porte en mémoire. Ces énergies sont liées au poids de votre famille et de votre descendance.

Une fois cette routine intégrée, elle sera particulièrement utile pour vous aider à vous détacher de vos croyances limitantes installées physiquement et psychiquement par votre éducation ainsi que par les énergies transgénérationnelles de votre descendance. Cette routine est très intime et peut venir mettre à l'épreuve vos émotions, car elle est étroitement liée avec l'attachement et votre héritage familial énergétique. Je vous recommande de pratiquer cette routine sur trente-trois jours dans un premier temps et de la refaire plusieurs fois par an quand vous sentirez que votre capacité de décider SEUL est mise à l'épreuve…

- Créez et aménagez un petit espace dans votre maison dédié à vos mémoires familiales.
  Exemple : une boîte à chaussures décorée, un coffre, un grand plateau.
- Allumez une bougie blanche qui représentera toutes les générations passées.
- Fixez la flamme de votre bougie pendant une minute sans détourner votre regard.
- Fermez les yeux.
- Imaginez que vous rentrez à l'intérieur de la bougie et que sa flamme se transforme en une porte qui vous conduit en son centre.
- Maintenant, visualisez-vous en train de nettoyer, d'arracher et de couper les dépôts de cire de cette bougie qui s'accumulent. Cela vous permettra d'éliminer tous les résidus (métaphores de vos mémoires familiales et des vieux schémas répétitifs, croyances limitantes de vos ancêtres, etc.) qui jouent un rôle majeur en chacun de nous sans que nous le sachions.
- Répétez à haute voix la phrase suivante : « Seules les mémoires positives de mes ancêtres restent inscrites à l'intérieur de mes cellules afin que je puisse vivre ma propre expérience sans influence ; en me libérant, je vous libère. »
- Pour finir, faites apparaître à l'intérieur de votre bougie une lumière violette qui représente la paix et la délicatesse, symbole de votre intention positive envers vos mémoires familiales.
- Rouvrez les yeux et éteignez votre bougie.

À RETENIR

Dans notre culture, nous avons tendance à conserver nos mémoires d'appartenance par culpabilité et autoconservation inconsciente. Cependant, nous en payons de notre énergie et de notre capacité à décider en toute neutralité dans notre quotidien. Il vous faudra comprendre qu'il est impossible de vous libérer complètement de cet héritage familial inscrit dans la mémoire de vos cellules. Vous ne pouvez pas vous libérer de l'invisible et encore moins envisager de vous couper d'une partie de vos racines, car cela équivaudrait à perdre une partie vitale de votre équilibre énergétique. Pour autant, vous avez la possibilité de nettoyer, transformer, réparer et embellir ces liens d'appartenance dans votre espace mental. Alors, célébrez vos ancêtres et nettoyez régulièrement leur mémoire inscrite dans vos cellules afin d'en garder uniquement le meilleur. Et n'oubliez pas ce que l'on appelle les liens toxiques ou les énergies négatives, qui sont comme les mauvaises herbes : ils finissent toujours par repousser, donc entretenez régulièrement votre arbre intérieur... C'est aussi ça le cycle de la vie.

PÔLE INCONSCIENT

8

Le pôle inconscient est représenté par la couleur or ainsi que par l'énergie numérique 8. Il s'agit de notre huitième centre d'énergie vitale, qui, comme son nom l'indique, régule notre inconscient. En méditation de pleine conscience, il est associé à la mémoire collective.

Il est situé au-dessus de la tête en dehors du corps physique et psychique et symbolise l'attraction et les énergies d'abondance. Notre pensée et nos actions positives ou négatives façonnent notre énergie et favorisent les résultats correspondants. On attire à soi ce que l'on vibre, ce que l'on est, ce que l'on pense.

Par conséquent, ce pôle inconscient influence les fonctions instinctives et intuitives, de réalisation de soi, de clairaudience, de clairsentience et de clairvoyance. Peut-être vous est-il déjà arrivé d'avoir des intuitions concernant votre futur ou encore de faire des rêves lucides ?

Ce centre d'énergie n'est pas en charge de zones physiques puisqu'il se trouve en dehors de votre corps physique, cependant son énergie est en lien avec les sept autres centres énergétiques et commande vos ressentis. Il agira sur nous selon la qualité de l'ensemble de votre équilibre énergétique.

Certains se demandent peut-être pourquoi ils attirent toujours le même type de personne ou bien pourquoi ils n'attirent personne. D'autres se demandent aussi pourquoi ils répètent toujours les mêmes schémas ou ne comprennent pas pourquoi l'argent est toujours manquant malgré leur investissement professionnel. Cela s'explique par l'« énergie relationnelle » : c'est ce qui se dégage de vous, ce que les autres perçoivent de vous. Elle peut être cause de blocages, d'obstacles, de peurs, de conflits, de blessures non guéries. Derrière chaque énergie négative dégagée se cache une plaie à panser ou une croyance à nettoyer. C'est le but de ces cinquante-six routines.

Si nous poussons l'analyse plus loin, nous notons que les énergies du pôle inconscient correspondent à la vibration 8 en numérologie : ce sont des énergies de puissance, de force, d'expansion, d'élévation, de construction, de compétition, de courage, de justice, de légitimation, mais aussi de chance et de richesse intérieure et extérieure. Si les sept autres pôles physiques et psychiques® sont équilibrés, le pôle inconscient vous aidera à attirer l'abondance en général sur tous les plans.

La plus grande difficulté de ce pôle sera d'intégrer que toutes les expériences que vous vivez, bonnes ou mauvaises, sont installées sur votre chemin en conséquence de ce que vous *pensez* et de ce que vous *faites*. Vous êtes des aimants à situations positives ou négatives, des êtres d'émotions, de sensations, de sentiments, et vous vibrez tous les jours. Être un humain, c'est prendre le risque de se tromper, d'échouer, d'être malmené, moqué. Mais c'est aussi se donner de magnifiques occasions de provoquer les choses, de faire preuve d'audace et d'ouvrir la voie de la gratitude.

Notre sensibilité nous rappelle chaque jour que nous ne sommes pas des robots ou des pilotes automatiques. Au plus profond de nous, nous ressentons tous que nous sommes traversés par quelque chose de bien plus fort que nous.

8

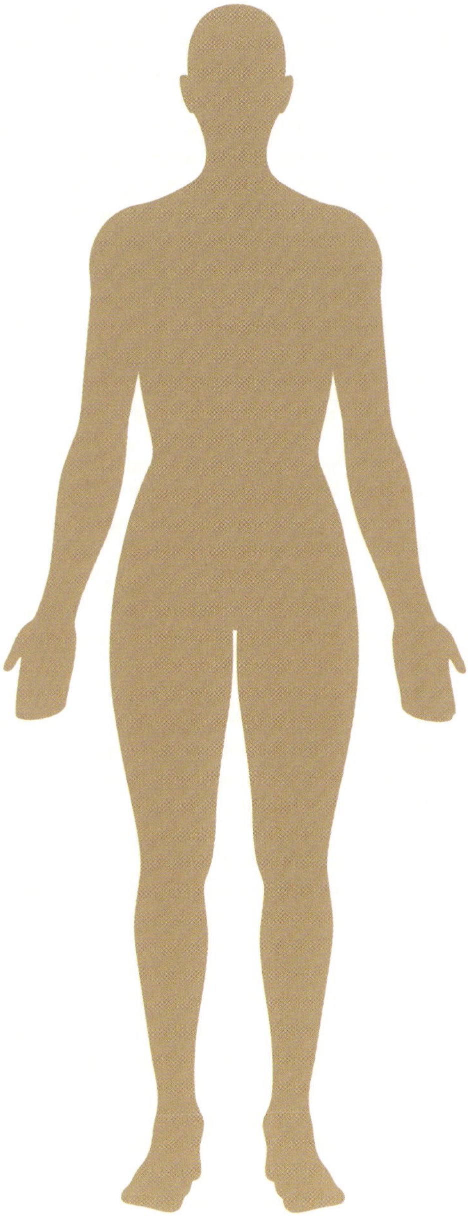

ROUTINE 1

LA BOÎTE À DÉSIRS

Matériel requis : une boîte, un stylo, des Post-it

Temps nécessaire : deux minutes

Technique utilisée : loi de l'attraction universelle

Niveau de difficulté : moyen ★ ★ ☆

Mon conseil : à mettre en place sur minimum 33 jours

Cette routine a pour objectif de créer une boîte « magique » qui contiendra à l'abri des regards vos désirs, vos envies, vos intentions, et surtout VOS RÊVES LES PLUS FOUS.

Une fois cette routine intégrée, elle sera particulièrement utile pour formuler un souhait, car les désirs font vivre. Et si un désir en pousse un autre, alors votre vie sera plus trépidante.

- Choisissez une boîte qui sera uniquement réservée à cette routine.
- Tous les matins, pendant trente-trois jours, écrivez sur un Post-it, au **présent de l'indicatif**, une intention positive qui vous concerne personnellement.
  Exemple : je passe une bonne journée, je réussis mon entretien, mon client est satisfait de mon travail, mon projet se réalise.
  Vous pouvez aussi faire des demandes pour attirer des énergies positives envers vous-même.
  Exemple : je suis réussite, tout ce que je veux me veut, je suis abondance.
- Fermez les yeux et récupérez de l'oxygène grâce à la respiration profonde :
  - sept secondes d'inspiration par le nez pour bien remplir le ventre ;
  - sept secondes pour bloquer l'air à l'intérieur de vous ;
  - sept secondes d'expiration par la bouche.
- Focalisez-vous sur la réussite de votre intention comme si votre objectif était déjà atteint.
- Imaginez mentalement fusionner avec cette intention. Laissez votre imaginaire faire le travail.
- Pliez en quatre votre Post-it et déposez-le dans votre boîte.

À RETENIR

Voyez grand dans vos intentions, vibrez positif. Vous devez absolument être convaincu de la réussite de vos demandes. Visualisez et faites défiler le film de vos demandes, projetez-vous mentalement dans leur réussite quand vous écrivez sur vos Post-it. Si vous ne croyez pas en l'impossible et en vos rêves, alors vous ne pourrez jamais entrevoir les possibilités incroyables de votre inconscient.

ROUTINE 2

L'ÂME AGIT (LA MAGIE)

MATÉRIEL REQUIS : un téléphone ou un objet de substitution

TEMPS NÉCESSAIRE : quelques secondes, plusieurs fois par jour

TECHNIQUES UTILISÉES : loi de l'attraction universelle et développement du potentiel

NIVEAU DE DIFFICULTÉ : facile ★☆☆

Cette routine a pour objectif de répéter des affirmations positives pour avancer dans la vie. C'est par la mise en place de petites habitudes que vous attirez les grandes réussites. Il a été montré que le cerveau améliore nettement ses capacités et que sa structure se modifie légèrement lorsqu'on projette des affirmations positives.

Une fois cette routine intégrée, elle sera particulièrement utile pour favoriser la réussite et conduire le changement avec facilité, sans effort. Votre cerveau deviendra alors plus à même de réaliser certaines choses et d'accroître ses aptitudes.

- Choisissez parmi les phrases suivantes celle qui vous parle le plus en cet instant :
  - Je m'autorise à penser et à rêver de façon illimitée.
  - J'embellis de jour en jour.
  - J'apprécie tout ce que j'ai et j'en suis reconnaissant.
  - Je fais tout ce que je veux et je me sens bien.
  - Je mets de l'amour et du positif dans tout ce que je fais.
  - Je crée ce que je veux sans effort.
  - Je change le monde autour de moi en me changeant moi-même.
  - Je suis heureux et en pleine forme.
  - J'aime mon corps comme il est.
  - Je mérite d'être heureux.
  - Je mérite d'avoir tout ce que je désire.
- Répétez-la à haute voix ou mentalement chaque fois que vous regardez votre téléphone portable durant la journée. Si vous n'avez pas de téléphone, choisissez un objet qui vous servira de rappel.

ROUTINE 3

LE BILLET DE L'ABONDANCE

Matériel requis : un billet de banque

Temps nécessaire : cinq minutes

Techniques utilisées : loi de l'attraction universelle, développement du potentiel, visualisation et numérologie

Niveau de difficulté : exigeant ★★★

Cette routine a pour objectif de favoriser la matérialisation de choses que vous aimeriez posséder dans votre vie. En dehors de l'aspect « survie », il faut de l'argent pour manger et avoir un toit au-dessus de sa tête. Travailler sa posture, sa vision, le pouvoir, la puissance par rapport à l'argent, vous permettra de comprendre qu'il s'agit d'un outil énergétique de réalisation et d'ambition personnelle de grande envergure.

Une fois cette routine intégrée, elle sera particulièrement utile pour comprendre comment attirer l'abondance financière dans votre quotidien. L'abondance est une grande énergie et la clé de la réussite financière. Cette énergie représentée par le nombre 5 en numérologie est la clé de la réussite financière.

- Déterminez le montant du billet que vous pouvez garder dans votre portefeuille sans en avoir besoin.
- Les yeux fermés, imaginez mentalement que vous le nettoyez de toutes les énergies négatives qu'il a emmagasinées, à l'aide d'une éponge magique.
- Toujours dans votre espace mental, projetez vers ce billet un flux de lumière positive de la couleur de votre choix et écoutez ce qui se passe en vous et quelles sensations s'installent en cet instant (confort/inconfort ou tendu/détendu, etc.).
- Sans jugement, pensez à votre rapport à l'argent et faites un bilan rapide à l'aide des pensées qui s'installent en vous : êtes-vous en hypo (trop économe) ou en hyper (trop dépensier) ?
- Manifestez une intention en croyant fortement trouver un état d'équilibre grâce à ce billet.
- Serrez-le fort dans vos mains et contre vous.
- Attendez quelques instants que votre demande d'équilibre s'installe dans votre espace mental.
- Puis, quand vous le décidez, rouvrez vos yeux.
- Écrivez tout autour de votre billet recto verso le nombre 85.
- Au-dessus, au crayon à papier, écrivez ce que vous souhaitez attirer à vous, comme si vous l'aviez déjà, au présent.
  Exemple : j'ai une nouvelle voiture, mon projet se réalise, etc.
- Pliez en deux ou en quatre dans le sens horizontal votre billet. Le sens horizontal permet de mieux faire circuler les énergies.
- Déposez-le dans votre portefeuille de telle façon qu'il vous soit visible régulièrement.
- Chaque fois que vous porterez votre regard sur votre billet, souvenez-vous de l'intention que vous avez écrite et continuez dans votre quotidien à travailler les énergies du 8 et du 5. Votre intention ne se matérialisera que si vous liez votre demande avec les ressources de ces deux nombres. Maintenant, soyez attentif aux synchronicités et au pouvoir de la loi de l'attraction.
- Renouvelez l'expérience avec un autre billet une fois votre intention réalisée.

À RETENIR

L'argent est lié au nombre 8 en numérologie, qui favorise la puissance, la construction, le côté visionnaire, l'investissement et le matérialisme. En déséquilibre, le nombre 8 favorisera l'agressivité, la violence, la frustration, l'exclusion, le rejet, la solitude, l'illégitimité et le côté marginal.

L'abondance est liée au nombre 5 en numérologie, qui représente en équilibre le mouvement (circulation et transaction), la liberté (financière), l'autonomie, l'audace, la prise de risque, le changement, l'invention, l'inspiration, la conquête. En déséquilibre, le nombre favorisera l'excessivité, l'imprudence, les addictions, la déraison.

ROUTINE 4

RÉPONSE INTUITIVE

MATÉRIEL REQUIS : un livre

TEMPS NÉCESSAIRE : cinq minutes

TECHNIQUE UTILISÉE : loi de l'attraction universelle

NIVEAU DE DIFFICULTÉ : moyen ★★☆

Cette routine a pour objectif de développer votre intuition, d'apporter des éclairages, un point de vue neutre qui vous permettront de vous détacher des émotions qui peuvent vous envahir, et aussi d'avoir des réponses à des questions. L'intuition consiste à percevoir une information qui vous aide à mieux nous orienter. Il s'agit d'une aptitude normale et accessible à tous, à condition que vous y soyez attentif. Vous allez ici vous aider des livres, qui représentent le savoir.

Une fois cette routine intégrée, elle sera particulièrement utile pour favoriser, détecter et comprendre les énergies de synchronicité et les messages intuitifs qui se cachent dans votre environnement. Alors, connectez-vous à votre intuition et laissez-vous guider par sa sagesse.

- Mettez-vous devant votre bibliothèque ou une étagère remplie de livres et choisissez un livre avec votre intuition, sans l'ouvrir.
- Ensuite, asseyez-vous confortablement avec le livre entre vos mains, les pieds à plat, sans croiser les jambes.
- Fermez les yeux puis concentrez-vous sur une question que vous voulez résoudre en même temps que vous pratiquez la respiration profonde :
  - sept secondes d'inspiration par le nez pour bien remplir le ventre ;
  - sept secondes pour bloquer l'air à l'intérieur de vous ;
  - sept secondes d'expiration par la bouche.
- Formulez une question ouverte à voix haute et focalisez votre attention dessus.
- Ouvrez votre livre en posant instinctivement votre main droite sur la première page qui arrive.
- Lisez la page de votre livre. Un conseil, une attitude, un message y est caché pour vous guider vers la réponse à votre question.

ROUTINE 5

LA MÉMOIRE DE L'EAU

MATÉRIEL REQUIS : une bouteille d'eau, en verre de préférence

TEMPS NÉCESSAIRE : cinq minutes

TECHNIQUES UTILISÉES : pleine conscience, loi de l'attraction universelle, visualisation, développement du potentiel

NIVEAU DE DIFFICULTÉ : facile ★☆☆

MON CONSEIL : à mettre en place sur minimum 33 jours

Cette routine a pour objectif de vous faire boire en conscience, c'est-à-dire avoir l'intention de faire des choix sains et inscrire dans vos cellules vos besoins conscients tout au long de votre journée. De plus, ce premier verre d'eau stimulera votre métabolisme. Le geste se fera avec lenteur, afin que les sensations affluent.

Une fois cette routine intégrée, elle sera particulièrement utile pour diminuer le stress, éliminer les pensées limitantes, stimuler votre cerveau et votre mémoire. Dès que vous créez une intention, vos synapses se mettent en activité, comme les autres muscles de votre corps. La visualisation est une technique ludique qui stimule sans effort... Alors, ne vous en privez pas. À consommer sans modération !

- Prenez une bouteille d'eau remplie entre les mains et asseyez-vous confortablement, les pieds à plat, sans croiser les jambes.
- Fermez les yeux pour intensifier l'exercice.
- Commencez par récupérer de l'oxygène grâce à la respiration profonde :
  - sept secondes d'inspiration par le nez pour bien remplir le ventre ;
  - sept secondes pour bloquer l'air à l'intérieur de vous ;
  - sept secondes d'expiration par la bouche.
- Dans votre espace mental, faites apparaître une boule d'énergie de couleur verte.
- Faites-la grossir de plus en plus de telle façon que cette boule d'énergie envahisse tout votre espace mental.
- Dans cette boule d'énergie, vous allez projeter tous vos désirs, toutes vos plus belles pensées, et tout ce que vous souhaitez de meilleur pour votre corps et pour votre santé.
- Vous allez maintenant déplacer mentalement votre boule d'énergie de couleur verte dans votre bouteille afin que votre eau soit imprégnée et informée de votre intention positive.
- À votre rythme, et quand votre exercice mental sera terminé, buvez doucement, en conscience, en répétant mentalement une intention positive, un mantra :

  Exemple : « Tout ce que je veux me veut » ou « Tout ce que je désire se transforme » ou bien encore « Chaque gorgée de cette eau me remplit de joie » (créez et personnalisez votre propre phrase si vous le désirez). Le but étant d'inscrire mentalement une information dans votre eau.
- Prenez le temps de déglutir votre eau réinformée et commencez votre journée. Finissez votre bouteille d'eau avant de boire une autre eau et, à chaque gorgée, répétez votre information (phrase, mantra ou intention). À chaque répétition de votre information, vous viendrez réinformer et ancrer dans vos cellules par la pensée (information) et l'action (boire) votre demande. On appelle cette méthode un « ancrage portatif ».

ROUTINE 6

LES POLARITÉS

MATÉRIEL REQUIS : aucun

TEMPS NÉCESSAIRE : cinq minutes

TECHNIQUES UTILISÉES : pleine conscience et loi de l'attraction universelle

NIVEAU DE DIFFICULTÉ : facile ★☆☆

Cette routine a pour objectif de donner aux autres ce que vous souhaitez avoir. Mais attention, donnez avec votre cœur, sans tristesse ni contrainte. Donnez, et il vous sera donné.

Une fois cette routine intégrée, elle sera particulièrement utile pour attirer l'abondance dans votre quotidien, ce qui augmentera en fréquence positive votre équilibre énergétique et votre sentiment d'existence.

- Asseyez-vous confortablement, les pieds à plat, sans croiser les jambes.
- Fermez les yeux pour intensifier l'exercice.
- Commencez par récupérer de l'oxygène grâce à la respiration profonde :
  - sept secondes d'inspiration par le nez pour bien remplir le ventre ;
  - sept secondes pour bloquer l'air à l'intérieur de vous ;
  - sept secondes d'expiration par la bouche.
- En toute conscience et sans jugement, déterminez mentalement ce qu'il vous manque dans votre vie, ce que vous ne possédez pas. Choisissez une seule chose.
  Exemple : l'amour, l'argent, avoir du temps pour soi ou pour les autres, la santé.
- Une fois votre désir identifié, rouvrez les yeux et mettez en place cette routine pendant trente-trois jours.
  Si vous désirez de l'amour, offrez de l'amour ; si vous désirez de l'argent, offrez quelque chose de monnayable comme votre temps ; si vous désirez plus de santé, venez en aide à une personne plus démunie que vous, etc.

À RETENIR

Il est primordial de comprendre que, pour recevoir quelque chose de manquant, il faut d'abord le fabriquer à travers l'autre. Donner ce que vous souhaitez avoir est le geste le plus libérateur et attractif qui existe. Pour amplifier cette routine, si vous le souhaitez, saisissez l'occasion de donner chaque fois qu'elle se présente. Essayez de trouver quelque chose à donner tous les jours, que ce soit un sourire, un compliment, votre temps, une oreille attentive, un bon repas, un objet dont vous n'avez pas besoin ou un mot gentil. Imaginez chaque jour comme une nouvelle occasion de donner autant que vous le pouvez, et l'univers fera le reste pour vous.

ROUTINE 7

LA GRATITUDE

MATÉRIEL REQUIS : aucun

TEMPS NÉCESSAIRE : cinq minutes

TECHNIQUE UTILISÉE : loi de l'attraction universelle

NIVEAU DE DIFFICULTÉ : facile ★☆☆

Cette routine a pour objectif de vous faire comprendre le vrai message du don de soi et d'en apprécier le pouvoir en retour. Elle vous demande de donner de vous à quelqu'un, mais il ne s'agit pas forcément d'un cadeau qui a une valeur matérielle ! Les cadeaux qui ont le plus de valeur sont ceux pour lesquels on s'investit personnellement, avec son cœur.

Exemple : donner du temps pour quelqu'un, offrir des gâteaux faits maison, offrir un mot doux, faire une sortie ou une activité à deux ou en famille tant désirée par manque de temps.

Une fois cette routine intégrée, elle sera particulièrement utile pour faire circuler à grande vitesse l'abondance dans votre quotidien. Chaque acte généreux qui vient du cœur est une pierre de plus retirée sur son chemin de vie. Pour recevoir, il faut d'abord apprécier de donner et savoir se délaisser d'une partie de soi avec gratitude.

- Aujourd'hui, offrez quelque chose à une personne que vous connaissez ou non, sans rien attendre en retour.
- Soyez empli de gratitude pour les gens qui vous donnent de l'amour chaque jour et envoyez-leur des pensées de remerciement et de bienveillance par télépathie.

CALENDRIER PERPÉTUEL

Ce calendrier vous aidera à consigner les routines que vous avez mises en place.

Si vous changez de routine chaque jour, parce que vous les choisissez en fonction de vos besoins ou des jours alliés, vous pouvez écrire en face de chaque date le nom de la routine. Utilisez un stylo de la couleur du pôle concerné.

Si vous essayez d'implanter une routine sur trente-trois jours, vous pourrez noter quand vous commencez votre pratique. Chaque jour, une fois la routine réalisée, cochez la date, pour favoriser votre assiduité !

JANVIER	FÉVRIER	MARS
1	1	1
2	2	2
3	3	3
4	4	4
5	5	5
6	6	6
7	7	7
8	8	8
9	9	9
10	10	10
11	11	11
12	12	12
13	13	13
14	14	14
15	15	15
16	16	16
17	17	17
18	18	18
19	19	19
20	20	20
21	21	21
22	22	22
23	23	23
24	24	24
25	25	25
26	26	26
27	27	27
28	28	28
29	29	29
30		30
31		31

AVRIL	**MAI**	**JUIN**
1	1	1
2	2	2
3	3	3
4	4	4
5	5	5
6	6	6
7	7	7
8	8	8
9	9	9
10	10	10
11	11	11
12	12	12
13	13	13
14	14	14
15	15	15
16	16	16
17	17	17
18	18	18
19	19	19
20	20	20
21	21	21
22	22	22
23	23	23
24	24	24
25	25	25
26	26	26
27	27	27
28	28	28
29	29	29
30	30	30
	31	

JUILLET	AOÛT	SEPTEMBRE
1	1	1
2	2	2
3	3	3
4	4	4
5	5	5
6	6	6
7	7	7
8	8	8
9	9	9
10	10	10
11	11	11
12	12	12
13	13	13
14	14	14
15	15	15
16	16	16
17	17	17
18	18	18
19	19	19
20	20	20
21	21	21
22	22	22
23	23	23
24	24	24
25	25	25
26	26	26
27	27	27
28	28	28
29	29	29
30	30	30
31	31	

OCTOBRE	NOVEMBRE	DÉCEMBRE
1	1	1
2	2	2
3	3	3
4	4	4
5	5	5
6	6	6
7	7	7
8	8	8
9	9	9
10	10	10
11	11	11
12	12	12
13	13	13
14	14	14
15	15	15
16	16	16
17	17	17
18	18	18
19	19	19
20	20	20
21	21	21
22	22	22
23	23	23
24	24	24
25	25	25
26	26	26
27	27	27
28	28	28
29	29	29
30	30	30
31		31

À PROPOS DE L'AUTEURE

Lysiane Lévy est psychopraticienne en développement du potentiel. Chef d'entreprise pendant plus de dix ans, elle a été confrontée à une série d'épreuves et de deuils qui lui ont imposé l'urgence de réinventer sa vie. Elle a alors voyagé à l'étranger à la découverte d'autres façons de penser et entrepris de multiples formations en développement personnel.

Elle s'est spécialisée dans la programmation neuro-linguistique®, l'ennéagramme, l'hypnose ericksonienne®, la numérologie stratégique® et le décodage biologique, et suit aujourd'hui des cours de psychanalyse intégrative. Passionnée par les études de la personnalité et des comportements humains, elle a ouvert en 2021, à Bordeaux, le centre de formation Inspire Respire. Cette structure d'accompagnement bien-être et de formation est un concept unique et audacieux en France.

En 2022, elle a créé la programmation neuro-numérique (PNN®), une technique de développement du potentiel chez les adultes qui permet d'intégrer de nouvelles ressources physiques et psychiques par la visualisation de séries de nombres à la symbolique importante. Cette méthode innovante associe la répétition d'images mentales et la numérologie pour ancrer en nous, par l'intellectualisation, de nouveaux comportements.

Lysiane Lévy anime des ateliers en groupe, accompagne et forme les particuliers et les professionnels. En partant de l'état émotionnel des personnes, elle les aide à définir leur potentiel pour les guider dans la réussite de leur objectif et atteindre un état d'équilibre interne et de bien-être.

Également auteure, elle a coécrit avec Lydie Castells et Natacha Calestrémé le coffret best-seller *La Numérologie en action*, paru chez le même éditeur.

pca
cmb
édition pré-presse
livres numériques

44400 Rezé

IMPRIM'VERT®

Achevé d'imprimer en août 2022 sur les presses de la SEPEC en France

Numéro d'impression : 27305220705

Dépôt légal : septembre 2022

PEFC 10-31-1470 / Certifié PEFC / Ce produit est issu de forêts gérées durablement et de sources contrôlées. / pefc-france.org